Übungsbuch Spanischhexe 1

Monika Stegmann

Übungsbuch

Spanischhexe 1

Bibliografische Information der Deutschen Nationalbibliothek.
Die Deutsche Nationalbibliothek verzeichnet diese Publikation in der Deutschen Nationalbibliografie; detaillierte bibliografische Daten sind im Internet über http://dnb.d-nb.de abrufbar.

© 2015 Monika Stegmann.
Herstellung und Verlag: BoD - Books on Demand, Norderstedt.

ISBN: 9783738626414

Inhaltsverzeichnis

Über dieses Buch 7

Übungsaufgaben 9

Übungen zu den Fragewörtern:
Nr. 3, 10, 12
Zahlen: Nr. 4, 77
Konjugation der regelmässigen Verben:
Nr. 5, 6, 7,
Übersetzungsübungen:
Nr. 8, 13, 14, 19, 20,25, 37, 38, 39, 40, 51, 53, 54, 55, 57, 59, 67, 68, 73, 76, 80
ser, estar, hay: Nr. 1, 19, 22,
ir: Nr. 2
tener: Nr. 9
querer: Nr. 21
Demonstrativpronomen este, ese, aquel:
Nr. 11, 16, 17, 18
Farben: Nr. 15
Uhrzeit: Nr. 26, 27, 28
Datum: Nr. 42
Wetter: Nr. 44, 45

Präpositionen: Nr. 29, 34, 35 , 87
Verflixte Ähnlichkeiten:
Nr. 23, 32, 61, 62, 63, 64, 65, 66
Verben mit Diphtong: Nr. 30, 31
müssen: Nr. 32, 33
poder/saber: Nr. 36
Partizip/ Vergangenheit:
Nr. 39, 41, 55, 75, 76
Zukunft: Nr. 40, 49, 54, 65
gustar: Nr. 46, 47
Personalpronomen: Nr. 48, 49, 50, 60
Steigerungsformen: Nr. 52
Reflexive Verben
Nr. 56, 57, 58, 61, 62, 63, 64, 65, 66
Befehlsformen: Nr. 78, 79, 82, 83
Gerundio: Nr. 74, 75
por/para: Nr. 81
Posesivos: Nr. 67, 70, 71
muy/ mucho: Nr. 68
desde, desde hace, hace...: Nr. 72
Gemischtes: Nr. 43, 80
Vokabelübungen: Nr. 84, 85, 86
Lösungsschlüssel zu den Übungen   105

Über dieses Buch

Das vorliegende Übungsbuch kann von **jedem** Spanischanfänger **vollkommen unabhängig** benutzt werden. Anhand des **Lösungsschlüssels** zu den Übungen wird eigenständiges Arbeiten und Selbstkontrolle möglich. Die grammatischen Themenbereiche sind jeweils am Anfang der Übung angegeben.

Ebenso einfach ist das Übungsbuch **begleitend zum Lehrbuch Spanischhexe1** einsetzbar. Hier verweisen die Kapitelangaben in Klammern auf das entsprechende Kapitel im Lehrbuch.

Ich bedanke mich bei allen Schülern, die die Übungen erprobt haben, (besonders Elke und Sylvia!) und bei meinem Ehemann, ohne dessen beständige Unterstützung und unerschütterliche Geduld das gesamte Spanischhexenprojekt nicht möglich gewesen wäre.
Ich hoffe, der Leser wird das Buch nützlich finden und gern damit arbeiten, denn:
Übung macht den Meister!

1 - **ser, estar, hay**

Setzen Sie die richtigen Formen (ser, estar, hay) ein und übersetzen Sie den Text ins Deutsche:
(etwa Kap. 3)

_____ siete Islas Canarias.
Las Islas Canarias _____ en el oeste de África.
La Palma _____ en el noroeste de las islas.
_____ una isla pequeña.
No _____ industria.
Las playas de La Palma _____ pequeñas, pero bonitas.
_____ muchos volcanes.
_____ en el sur.
En el este de la isla _____ un puerto y un aeropuerto.
La capital _____ en el este de la isla, pero Los Llanos _____ más grande.

2 – ir
Wie sagt man in Spanisch
(etwa Kap 3)

1. wir gehen_____
2. ich fahre_____
3. du gehst_____
4. wir fahren_____
5. sie gehen_____
6. er geht_____
7. sie fährt_____
8. ich gehe_____
9. ihr geht_____
10. du fährst_____
11. ihr fahrt_____
12. sie fahren_____

3 – Fragewörter

Fragen Sie nach der Menge:
(etwa Kap 4)

1. ¿_____ libros hay?
2. ¿_____ Islas Canarias hay?
3. ¿_____ guaguas hay?
4. ¿_____ volcanes hay en La Palma?
5. ¿_____ bocadillos desea?
6. ¿_____ toallas tenemos?
7. ¿_____ manzanas desea?
8. ¿_____ panes desea?
9. ¿_____ coches hay?
10. ¿_____ bolsos tiene?
11. ¿_____ lonchas desea?
12. ¿_____ piedras hay?

4 –Zahlen

Schreiben Sie die folgenden Zahlen als Wort:
(etwa Kap 5)

1) 333 _____
2) 152 _____
3) 25 _____
4) 47 _____
5) 77 _____
6) 2014 _____
7) 9009 _____
8) 150 000 _____
9) 555 _____
10) 1492 _____
11) 1972 _____
12) 1954 _____
13) 2012 _____
14) 2002 _____
15) 488 _____
16) 989 _____
17) 167 000 _____
18) 12 345 _____
19) 67 _____
20) 76 _____

5 – Konjugation der regelmässigen Verben
Konjugieren Sie:
(etwa Kap. 6)

comprar- kaufen

ich kaufe _____

du kaufst _____

er, sie, es kauft _____

wir kaufen _____

ihr kauft _____

sie kaufen _____

buscar- suchen

ich suche _____

du suchst _____

er, sie, es sucht _____

wir suchen _____

ihr sucht _____

sie suchen _____

6 – Konjugation der regelmässigen Verben
Konjugieren Sie:
(etwa Kap.6)

comer- essen

ich esse_____

du isst_____

er, sie, es isst_____

wir essen_____

ihr esst_____

sie essen_____

leer- lesen

ich lese_____

du liest_____

er, sie, es liest_____

wir lesen_____

ihr lest_____

sie lesen_____

7 – Konjugation der regelmässigen Verben
Konjugieren Sie:
(etwa Kap. 6)

escribir- schreiben

ich schreibe_____

du schreibst_____

er, sie, es schreibt_____

wir schreiben_____

ihr schreibt_____

sie schreiben_____

abrir- öffnen

ich öffne_____

du öffnest_____

er, sie, es öffnet_____

wir öffnen_____

ihr öffnet_____

sie öffnen_____

8 - **Übersetzung:**
(etwa Kap 6)

Christine ist im Zentrum von Los Llanos.
Dort gibt es eine Fussgängerzone.
Christine möchte Ansichtskarten (la postal) kaufen.
Sie betritt den Supermarkt, der sich in der Nähe befindet.
Dort gibt es auch Ansichtskarten.
Sie kauft fünf Karten im Supermarkt.
Sie möchte auch Briefmarken (el sello) kaufen.
Aber im Supermarkt gibt es keine Briefmarken.
Sie fragt: „ Wo gibt es Briefmarken?"
„Auf dem Postamt." (la oficina de correos)
„Ist das weit?"
„Nein, es ist nahe. Es ist dort."
„Vielen Dank, auf Wiedersehen"
„Keine Ursache, auf Wiedersehen"

9 - tener
Setzen Sie die richtige Form von „tener" ein:
(etwa Kap 7)

1. (Nosotros)_____ mucho trabajo.
2. Juan y Carmen _____ un bar.
3. Christine _____ un coche.
4. (Yo)_____ dinero.
5. (Tu)_____ tres manzanas.
6. (Vosotros)_____ una casa.
7. (Yo) _____ un bolso negro.
8. (Nosotros) no_____ dinero.
9. ¿(Tu) _____ naranjas?
10. ¿(Nosotros) _____ comida?
11. Juan _____ crema de sol.
12. Christine y Monika _____ muchos libros.

10 - Fragewörter:
(etwa Kap 7)

Übersetzung:

1. Wo sind die Mädchen?
2. Wie geht es Ihnen?
3. Wer ist dieses Mädchen?
4. Warum bist du nicht hier?
5. Um welche Zeit geht der Bus?
6. Wieviel kostet es?
7. Wer sind diese Jungen?
8. Wohin gehst du?
9. Von wem sprichst du?
10. Was ist das?
11. Wer ist das?
12. Welches Auto ist es?
13. Wie lange warten wir (esperar)?
14. Wann fahren wir nach La Palma?
15. Von wo kommen sie?
16. Wen fragen wir?
17. Was brauchen wir?
18. Was frühstückt ihr?
19. Mit wem sprechen wir?
20. Wie machst du das?

11 – Demonstrativpronomen: este, ese, aquel....

(etwa Kap 7)

Christine steht im Supermarkt an der Fleischtheke. Sie hat bereits ein schönes Stück Fleisch ins Auge gefasst, und als sie an die Reihe kommt, sagt sie:

-Quiero ____ trozo de carne.
Die Verkäuferin will sicher gehen, legt die Hand darauf und fragt:
-¿____?
-Sí, ____.
¿Algo más?
-Sí, además cien gramos de jamón, por favor.
Da es zwei Sorten Schinken gibt, fragt die Angestellte:
-¿De ____?
-Sí, de ____. Además quiero ____ (die da) alas de pollo (Hühnerflügel).
-¿ ____?
-Sí, muchas gracias. ¿Tiene escalope de ternera (Kalbsschnitzel)?
-Lo siento (tut mir leid), señora, vienen ____ tarde.
(heute Nachmittag).

12 – Fragewörter

Zählen Sie alle Fragewörter auf, die Sie kennen.
Es sollten mindestens 9 sein!
(etwa Kap 7)

1. ¿_____?
2. ¿_____?
3. ¿_____?
4. ¿_____?
5. ¿_____?
6. ¿_____?
7. ¿_____?
8. ¿_____?
9. ¿_____?

13 - Wie sagt man auf Spanisch:
(etwa Kap.7)

1. drei hübsche Mädchen
2. fünf grüne Tomaten
3. zwei belegte Brötchen
4. ein teures Auto
5. viele dicke (gordo/-a) Bücher
6. drei Flaschen Wein
7. ein Paket Salz
8. viele schöne Strände
9. sieben kanarische Inseln
10. eine gute Bar
11. zwei sympathische (simpático) Jungs
12. viel Geld
13. ein Milchcafé
14. die Rechnung, bitte!
15. fünf grosse Steine
16. zwei Sonnencremes
17. vier kleine Taschen
18. zwei grosse Handtücher
19. eine schöne Insel
20. zwei grosse Flugzeuge

14 - **Wie sagt man in Spanisch:**
(etwa Kap. 7)

1. er sagt
2. wir sehen
3. sie gehen
4. wir wissen
5. ich gehe aus
6. ich weiss nicht
7. sie stellt
8. ich lege
9. wir haben
10. ihr macht
11. ich mache nicht
12. ihr wisst
13. sie sehen
14. ich sage
15. sie bezahlen
16. du hast
17. wir suchen
18. er trägt
19. sie gehen aus
20. sie sagen
21. du stellst
22. ihr kauft

15 - Farben:
(etwa Kap 7)

Geben Sie die korrekte Endung der Farbe an:

1. zapatos azul_____
2. flores roj_____
3. una bolsa blanc_____
4. comida verd_____
5. cielo gris_____
6. libros negr_____
7. un barco azul_____
8. una manzana blanc____
9. manzanas roj_____
10. coches marron_____
11. una naranja verd_____
12. naranjas naranj_____
13. toallas amarill_____
14. el mar azul_ _____
15. arroz blanc_____
16. platanos amarill_____
17. aguacates verd_____
18. un coche negr_____
19. playas negr_____
20. bolsos gris_____
21. flores azul_____
22. una botella azul_____

16 - Demonstrativpronomen
(etwa Kap 7)

Todo está aquí:

Setzen Sie die richtige Form von „este" ein.
Bsp:_____ libro → este libro

1. _____ libros
2. _____ manzana
3. _____ botella
4. _____ coches
5. _____ papeles
6. _____ bolsa
7. _____ bolsos
8. _____ barco
9. _____ chica
10. _____ chicos
11. _____ isla
12. _____ plátano
13. _____ playa
14. _____ avión
15. _____ café
16. _____ parque
17. _____ calles
18. _____ ciudad

17 - Demonstrativpronomen
(etwa Kap 7)

Todo está ahí:

Setzen Sie die richtige Form von „ese" ein.
Bsp:_____ libro → ese libro

1. _____ libros
2. _____ chicas
3. _____ señores
4. _____ bolso
5. _____ playas
6. _____ coches
7. _____ calle
8. _____ arroz
9. _____ manzanas
10. _____ bares
11. _____ ciudades
12. _____ bolsas
13. _____ plátanos
14. _____ avión
15. _____ barco
16. _____ supermercados
17. _____ farmacia
18. _____ chico

18 - Demonstrativpronomen:
(etwa Kap 7)

Todo está allí:

Setzen Sie die richtige Form von „aquel" ein.
Bsp:_____ libro → aquel libro

1. _____ libros
2. _____ bares
3. _____ señora
4. _____ coche
5. _____ islas
6. _____ volcanes
7. _____ ciudad
8. _____ día
9. _____ chico
10. _____ barcos
11. _____ bancos
12. _____ plaza
13. _____ tomates
14. _____ parque nacional
15. _____ centros
16. _____ avión
17. _____ señores
18. _____ puertos

19 - Übersetzung ser/ estar

(etwa Kap. 8.)

1. Ich weiss nicht, wo wir sind.
2. Das ist eine schwierige Frage.
3. Christine ist ein hübsches Mädchen.
4. Sie ist unter der Dusche.
5. Er fragt, wie es dir geht.
6. Ich bin noch am Anfang.(el principio)
7. Die Tasche ist blau.
8. Monika ist krank.
9. Der Chef von María ist nett.
10. Heute ist er auf Teneriffa.

20 - Übersetzen Sie:

(etwa Kap 1-8)

1. Christine wohnt in Los Llanos.
2. Sie arbeitet viel.
3. Sie geht zur Ausländerpolizei.
4. Wir suchen einen Geldautomaten.
5. Ich möchte ein Haus kaufen.
6. Ich brauche ein gutes Auto.
7. Ich möchte in einem Restaurant arbeiten.
8. Christine und Monika sind auf der Plaza.
9. Sie sprechen mit dem Kellner.
10. Ihr bezahlt den Café.
11. Wer bist du?
12. Was machst du?
13. Wo sind wir?
14. Antonio möchte einen halben Liter Wein.
15. Er erklärt den Weg.
16. Wir sind Ausländer.
17. Sie kauft Sonnencreme.
18. Du mußt zurückkommen.
19. Man muß bezahlen.
20. Was brauchst du?

21 – querer

Setzen Sie die richtige Form von "querer" ein:
(etwa Kap 10)

1. (Yo) _____ comprar un coche.
2. Christine _____ vivir en La Palma.
3. (Vosotros) _____ tomar café.
4. Christine y Monika _____ comer algo.
5. (Nosotros) _____ abrir una ventana.
6. ¿(Tu) _____ hablar con Julio?
7. (Yo) _____ aprender español.
8. (Nosotros) _____ hablar español.
9. Julio y Carmen _____ viajar mucho.
10. ¿(Tu) _____ una cerveza?
11. (Nosotros) no _____ trabajar mucho.

22 - hay, está, es

(etwa Kap 10)

Setzen Sie das richtige Wort ein

1. Christine_____ en Los Llanos.
2. Allí _____ muchos coches.
3. Christine busca el banco, que _____ en la plaza.
4. Christine ____ la amiga de Monika.
5. _____ en casa.
6. _____ una casa grande. (2x!))
7. ¿Cómo_____ Monika? (2x!)
8. ¿Dónde _____ Monika?
9. En Los Llanos _____ un museo.
10. El museo_____ cerca de la plaza.
11. _____ un museo muy interesante.
12. ¿Cuántos pisos _____?
13. _____ cuatro pisos.
14. ¿Dónde _____ La Palma?
15. ¿Qué _____ La Palma?
16. ¿Qué _____ en La Palma?
17. ¿Quién _____ este chico?
18. ¿Dónde _____ una farmacia?
19. ¿Qué _____ esto?
20. En la biblioteca_____ muchos libros.

23 – poder / poner

Verflixte Ähnlichkeiten:
(etwa Kap 10)

Stellen Sie die beiden Verben in der Gegenwart gegenüber und prägen Sie sich genau die Unterschiede ein!

	poder	**poner**
yo	_____	_____
tu	_____	_____
el	_____	_____
nosotros	_____	_____
vosotros	_____	_____
ellos	_____	_____

24 – perder / pedir

Verflixte Ähnlichkeiten:
(etwa Kap 10)

Stellen Sie die beiden Verben in der Gegenwart gegenüber und prägen Sie sich die Unterschiede ein!

	perder	**pedir**
yo	_____	_____
tu	_____	_____
el.	_____	_____
nosotros	_____	_____
vosotros	_____	_____
ellos	_____	_____

25 - Übersetzen Sie:

(etwa Kap. 10)

Monika und Christine gehen zur Ausländerpolizei, die sich in Santa Cruz befindet.
Dort füllen sie einen Antrag aus und erhalten eine NIE-Nummer für Christine.
Vor der Polizei treffen sie Maria.
Maria ist eine Freundin von Monika.
Sie arbeitet im Restaurante Gonzalez.
Dort arbeitet sie viel, aber sie verdient wenig.
Sie will ein Jahr nach Deutschland gehen, um dort zu arbeiten und um Deutsch zu lernen.
Sie sucht ein Mädchen, das in ihrer (su) Wohnung wohnen will.
Die Mädchen wollen Maria am nächsten (siguiente) Tag besuchen um die Wohnung anzusehen.

26 - Uhrzeiten:
(etwa Kap 10)

Formulieren Sie jeweils zwei Sätze wie im Beispiel:

Bsp.:   mañana   10h

→Por la mañana a las diez.
→A las diez de la mañana.

1. noche   8h
2. tarde   3h
3. tarde   5h
4. noche   10h
5. mañana   7h
6. mañana   11h
7. noche   12h
8. tarde   2h
9. mañana   4h

27 - Uhrzeiten:
(etwa Kapitel 10)

Schreiben Sie jeweils den ganzen Satz wie im Beispiel:

Bsp: 9.30h
Son las nueve y media de la mañana.

1) 5.45h _____
2) 17.45h_____
3) 10.58h_____
4) 12.45h_____
5) 13.30h_____
6) 2.25h_____
7) 22.40h_____
8) 7.12h_____
9) 1.00h_____
10) 0.30h_____

28 – Uhrzeiten

Übersetzen Sie:

(etwa Kap 10)

1. Wie spät ist es?
2. Es ist acht Uhr abends.
3. Um welche Zeit gehen wir aus?
4. Um zehn Uhr abends.
5. Das Kino beginnt um 22.30h.
6. Um welche Zeit fängst du an zu arbeiten?
7. Ich fange um 9h morgens an.
8. Ich bin um 3h nachmittags fertig.
9. Um 17h gehe ich zum Sportstudio.
10. Um welche Zeit geht das Flugzeug?
11. Um 14.35h.
12. Gut, dann fahren wir um 13h von zuhause weg.
13. Um welche Zeit müssen wir gehen?
14. Um halb acht.
15. Und wie spät ist es jetzt?
16. Es ist sieben.
17. Dann gehen wir in einer halben Stunde.

29 – Präpositionen de-del- de la – de las

Setzen Sie die richtige Form ein:
(etwa Kap 11)

1. El coche _____ Antonio está delante _____ casa.

2. Es la casa _____ Christine.

3. María trabaja en el restaurante _____ Julio.

4. A la izquierda _____ restaurante hay una tienda pequeña.

5. Es la tienda _____ señora Molinera.

6. Detrás _____ tienda hay otra casa.

7. María es una amiga _____ Monika.

8. La plaza está en el centro _____ ciudad.

9. La Caldera de Taburiente está en el centro _____ La Palma.

10. La Palma es una isla _____ Islas Canarias.

30 - Verbos con Diptongo
(etwa Kap 11)

Setzen Sie die richtigen Verbformen ein:

Christine (querer) _____ vivir en La Palma.
(pensar) _____ en Alemania y (empezar) _____ a escribir una carta a los amigos.
Escribe que (preferir) _____ vivir en La Palma.
(contar) _____ de la vida en la isla.
Dice que la gasolina (costar) _____ menos que en Alemania.
Además escribe que (dormir) _____ mucho mejor (besser) que en Alemania.
Todavía no (entender) _____ mucho español, pero (querer) _____ aprender más.
Termina la carta, (cerrar) _____ el piso con llave y va al buzón (Briefkasten).
No (volver) _____ a casa.
Entra en un bar, donde (pedir) _____ un café con leche.
Allí (encontrar) _____ a Monika, y las dos chicas (almorzar) _____ juntas (zusammen).

31 - Präpositionen

delante de, detrás de, en, al lado de....
(etwa Kap11)

Beschreiben Sie das Arbeitszimmer von Monika.

32 - müssen
(etwa Kap 12)

Formulieren Sie um wie im Beispiel:

Bsp:
Es necesario aprender → Hay que aprender

1. Es necesario explicar la situación.
2. Es necesario esperar media hora.
3. Es necesario tomar mucha agua.
4. Es necesario hablar del tema.
5. Es necesario saber nadar.
6. Es necesario estudiar mucho.
7. Es necesario trabajar.
8. Es necesario rellenar una ficha.
9. Es necesario ganar dinero.
10. Es necesario pagar la cuenta.

33 - müssen
(etwa Kap 12)

Nehmen Sie die Sätze der letzten Übung als Grundlage und formulieren Sie um wie im Beispiel:

Bsp:
 Es necesario aprender → Tenemos que aprender.

34 - Präpositionen

Übersetzen Sie: (etwa Kap. 13)
(delante de, debajo de, a la izquierda, encima de...)

1. Im Wohnzimmer von Monika gibt es einen runden Tisch und 4 Stühle.
2. Über dem Tisch hängt (!) eine Lampe.
3. Neben dem Tisch steht der Schreibtisch.
4. Auf dem Schreibtisch ist der Computer.
5. Hinter dem Schreibtisch gibt es noch einen Stuhl.
6. Unter dem Tisch stehen die Schuhe von Monika.
7. Links vom Stuhl gibt es eine große Stehlampe.(lámpara de pie)
8. Vor dem Haus steht das Auto von Christine.
9. Dem Haus gegenüber ist ein Supermarkt.
10. Rechts vom Haus gibt es eine Bank.
11. Die Wohnung ist mitten in der Stadt.
12. An der Wand sind zwei Bilder.
13. Zwischen den Bildern gibt es ein Fenster.
14. Das Fenster ist geschlossen.

35 – Präpositionen a; de; en; con

(etwa Kap. 14)

1. Vamos_____ restaurante.
2. ___ Los Llanos hay muchos coches.
3. ¿Cuándo has llegado_____ La Palma?
4. Estoy ___ la playa.
5. Quiero vivir_____ La Palma.
6. ¿___ qué hora ha llegado el avión___ Madrid? (2x!)
7. ¿___qué hora sale el avión___ Madrid? (2x!)
8. Tengo que ir____ banco.
9. El banco está_____ la plaza.
10. Quiero hablar_____ Pedro.
11. ¿_____ dónde vienes?
12. He estado____ ellos.
13. ¿___ qué hablas?
14. ¿___quién hablas?
15. Hablo ___ el hermano ___ María. (2 Möglichkeiten!)
16. Estoy ___ casa.
17. He venido___ coche.
18. He venido_____ Monika. (2x!)
19. Estamos___ Los Llanos.

36 – poder / saber

Übersetzung:

(etwa Kap 13)

1. Kannst du kochen?
2. Ich kann kochen. Aber jetzt kann ich nicht. Ich habe keine Zeit.
3. Das Kind ist 5 Jahre alt und kann schon schwimmen.
4. Kannst du mit dem Computer arbeiten?
5. Ich kann nicht mit dem Computer arbeiten, weil es keinen Strom gibt.
6. Kannst du ein Instrument spielen?(tocar un instrumento).
7. Kannst du skifahren? (esquiar)
8. Kannst du mich vom Flughafen abholen? (recoger).
9. Kannst du Spanisch sprechen?
10. Kannst du mit Julio sprechen?

37 - Übersetzung:

(etwa Kap 14)

Christine hat ein Bankkonto eröffnet.
Sie ist in die Bank gegangen und sie hat mit der Angestellten gesprochen.
Christine hat gesagt, daß sie ein Girokonto möchte, und daß sie Strom und Telefon per Bankeinzug bezahlen möchte.
Christine hat 200 Euro eingezahlt.
Die Angestellte hat gesagt, daß die Webseite der Bank auch auf Deutsch existiert.
Nun kann Christine per Internet auf das Konto zugreifen.
Sie kann Überweisungen machen und den Kontostand abfragen.
Das ist sehr praktisch.

38 - Wie sagt man in Spanisch:
(etwa Kap 14)

1. Wir nehmen Café.
2. Ich habe ein Problem.
3. Christine schreibt einen Brief.
4. Monika arbeitet zu viel.
5. Das dauert lange.
6. Wir bezahlen die Rechnung.
7. Ich weiss nicht.
8. Habt ihr Zeit?
9. Sie fahren nach Fuencaliente.
10. Sprichst du mit Julio?
11. Monika erzählt etwas.
12. Sie öffnen den Laden.
13. Du fängst an zu arbeiten.
14. Was macht ihr?
15. Wann kommst du zurück?
16. Sie verdienen viel Geld.
17. Er schläft viel.
18. Ich probiere das Essen.
19. Ich denke an dich (ti).
20. Er versteht nichts.

39 - Setzen Sie die Sätze 1. – 20. der letzten Übung (38) in die Vergangenheit!
(etwa Kap 14)

40 - Setzen Sie die Sätze 1. – 20. der vorletzten Übung (38) in die Zukunft!
(etwa Kap 14)

41 – Partizip

Setzen Sie die folgenden Verben von der Grundform ins Partizip:
(etwa Kap 14)

Bsp: comer → comido

1. preparar → _____
2. abrir → _____
3. vivir → _____
4. cenar → _____
5. hacer → _____
6. morir → _____
7. tener → _____
8. escribir → _____
9. poner → _____
10. ver → _____
11. poder → _____
12. venir → _____

42 – Datumsangaben

Geben Sie die folgenden Daten korrekt an, und schreiben Sie dabei die Zahlen aus. Prägen Sie sich ein, daß „am" hier durch „el" übersetzt wird!
(etwa Kap 14)

Bsp: **am** 3. 4. 1895→**el** tres de abril de mil ochocientos noventa y cinco

1) 12. 3. 1972
2) 24. 12. 1998
3) 7. 2. 2014
4) 6. 11. 1775
5) 15. 8. 2013
6) 10. 5. 1692
7) 19. 10. 1530
8) 1. 1. 2002
9) 3. 6. 1962
10) 9. 9. 1969
11) 31. 12. 2013

43 - Gegenwart, Vergangenheit oder Zukunft?

Setzen Sie die richtigen Verbformen ein: (etwa Kap. 16)

Christine (ser) _____ una chica de Alemania.
(venir)_____ a La Palma para visitar a su amiga Monika.
A Christine (gustar) _____ la isla y por eso (querer) _____ vivir en La Palma.
(ir)_____ con Monika a la policía de extranjeros para solicitar un número NIE.
Después las chicas (abrir) _____ una cuenta bancaria.
Christine (conocer) _____ a María.
(poder)_____ vivir un año en el piso de María.
Mañana Christine (solicitar) _____ Internet.
Después (comprar) _____una botella de vino.

44 - El tiempo

(etwa Kap 16)

Übersetzung:

Christine telefoniert mit den Eltern in Deutschland.
Die Mutter von Christine fragt: „Wie ist das Wetter auf La Palma?"
„Es ist schönes Wetter. 24 Grad und blauer Himmel. Mir ist warm.
Das Wetter ist typisch für die Kanarischen Inseln."
„Was für ein Glück!" antwortet die Mutter.
„Hier ist es kalt und es regnet. Am Freitag hat es geschneit. Die ganze Woche (toda la semana) war der Himmel bedeckt, und es war windig.
Wir brauchen die Heizung. Die Wettervorhersage ist schlecht."
„Ja, so (así) ist der Winter in Deutschland."
Christine beendet das Gespräch (la conversación/ la llamada) und sie ist sehr zufrieden. (contento/ -a).

45 – El tiempo
Übersetzung:
(etwa Kap 16)

Das Wetter ist verrückt (loco)

Christine trifft die Nachbarin Julia.
-Hallo Julia, wie gehts?
-Gefällt dir dieses Wetter?
-Nein, es ist zu heiss für mich.
Aber ich will mich nicht beschweren (quejar),
in Deutschland hat es geschneit und es ist sehr kalt...
Ich mag die Wärme lieber.
- Aber der Wind, der die ganze letzte Woche war, war schrecklich (horrible).
- Stimmt.
- Die Wettervorhersage sagt, dass es nächste Woche regnen wird.
- Ja, wir sind im Winter...
- Dann wird es auch nicht mehr so (tanto) heiss sein.
- Das hoffe ich auch.
- Gut, wir müssen es akzeptieren, wie es ist.

46 - gustar I

(etwa Kap 17)

Übersetzung:
1. Ich reise gern.
2. Aber ich fahre nicht gern nach Deutschland.
3. Ich wohne gern in Los Llanos.
4. Ich lerne gern Spanisch.
5. Aber es gefällt mir nicht, zum Unterricht (la clase) zu gehen.
6. Ich schwimme gern.
7. Aber ich mag kein kaltes Wasser.
8. Der Bruder von Antonio gefällt mir.
9. Aber ich mag seine Schwester nicht.
10. Ich gefalle ihr auch nicht.
11. Wir mögen La Palma.
12. Wir fahren auch gern nach La Gomera.
13. Aber wir fahren nicht gern mit dem Schiff.
14. Uns gefällt dieses Übungsbuch.(libro de ejercicios)
15. Gefalle ich dir?
16. Ja, du gefällst mir sehr.
17. Mir gefällt deine neue Frisur. (el peinado)

47 - gustar II
(etwa Kap 17)

Übersetzung
1. Christine gefällt Antonio, und Antonio gefällt Christine auch.
   Aber es gibt einige Unterschiede:

2. Antonio mag Gofio, aber Christine schmeckt es nicht.
3. Christine geht gern aus, aber Antonio sieht lieber fern.
4. Christine mag die Berge, aber Antonio mag das Meer lieber.
5. Antonio gefällt ein grosses Auto, aber Christine gefällt ein kleines Auto besser.
6. Christine gefallen Liebesfilme, aber Antonio guckt lieber Fussball.
7. Antonio geht gern ins Fitnessstudio, aber Christine geht lieber spazieren.
8. Antonio isst gern Fleisch, aber Christine isst lieber Salat.
   Sie haben aber auch viel gemeinsam: (en común)
9. Beide gehen gern Tanzen.
10. Beide mögen Musik.
11. Beide mögen Katzen.

48 – Pronomen lo, la, le...

(etwa Kap 17)

Benutzen Sie in den folgenden Sätzen das Pronomen wie im Beispiel angegeben:

Bsp: Compro una casa. → La compro.

1. Busco un libro.
2. Quiero una cerveza.
3. Veo a Antonio.
4. Veo a Christine.
5. Veo a mis amigos.
6. Quiero a mis padres.
7. Doy dinero a mi hija.
8. Doy las llaves a mis amigos.
9. Busco un coche nuevo.
10. Compro unas naranjas.
11. Christine quiere a Antonio.
12. Antonio quiere a Christine.
13. Busco trabajo.
14. Busco a Antonio.
15. Saludo a los amigos.

49 – Pronomen

Setzen Sie die Lösungssätze 1.-15. aus der vorhergehenden Übung (48) wie folgt in die Zukunft:

Bsp: La compro → La voy a comprar.
→ Voy a comprarla.

50 - Pronomen

Setzen Sie die Lösungssätze 1. -15 aus der Übung 48. in die Vergangenheit (Preterito Perfecto).

Bsp: La compro. → La he comprado.

51 - Übersetzung:

(etwa Kap 18)

Ein Abendessen

Am Samstag haben wir ein Abendessen organisiert.
Wir haben 4 Freunde eingeladen.
Wir haben Coctails getrunken.
Danach haben wir eine chinesische Hühnersuppe gegessen.
Das Rezept haben wir aus dem Internet heruntergeladen.
Dann gab es Chili con Carne mit Reis.
Das war ziemlich scharf (picante).
Zum Nachtisch gab es Eis mit heissen Kirschen.
Das Essen hat allen sehr gut geschmeckt.
Schliesslich haben wir Café getrunken.
Allen hat es gut gefallen, und in 2 Wochen werden wir uns wieder treffen.
Dann bei den Freunden zuhause.

52 - Komparativ und Superlativ
Steigerungsformen

(etwa Kap 19)

Übersetzung

1. Dies ist der kleinste Schrank.
2. Meine Schuhe sind grösser als deine (tus) Schuhe
3. Dieser Tisch ist der kleinste.
4. Der rechte Stuhl ist höher als der linke Stuhl.
5. Unser Haus ist grösser als das Nachbarhaus.
6. Dieser Garten ist der schönste in El Paso.
7. Das Kleid ist das hässlichste (feo), das ich habe.
8. Mein Buch ist besser als sein Buch.
9. Der Schinken kostet mehr als die Wurst.
10. Der Café schmeckt mir weniger als der Cappuccino.
11. Heute ist das Wetter schlechter als gestern.
12. Es ist heute sonniger als am Montag.
13. In Tazacorte gibt es weniger Autos als in El Paso.

14. In Santa Cruz gibt es die wenigsten Parkplätze.
15. Das ist die schlechteste Pizza, die es auf der Insel gibt.
16. Der Teide ist höher als der Roque de los Muchachos.
17. Der Teide ist der höchste Berg von Spanien.
18. Diese Schuhe sind die bequemsten.
19. Dieses Auto ist das teuerste.
20. Euer Auto ist besser als unseres.
21. Du hast das kleinste Schnitzel (la chuleta).

53 - Übersetzung:

(etwa Kap. 19)

1. Ich komme am Freitag an.
2. Ich bringe meine Schwester mit.
3. Wir gehen um 11h abends ins Bett.
4. Wir stehen um 7h morgens auf.
5. Ich erinnere mich nicht.
6. Ich brauche einen Termin .(la cita)
7. Jaime kommt um 15h.
8. Wir verabschieden uns von Christine.
9. Christine verschwindet hinter der Sperre.
10. Wir kehren nach hause zurück.
11. Wir gehen um 10h abends aus.

54 - Setzen Sie die Sätze 1.- 11. der vorhergehenden Übung (53) in die Zukunft!

55 - Setzen Sie die Sätze 1. - 11. der vorletzten Übung (53) in die Vergangenheit!

56 - Reflexive Verben
(etwa Kap 19)

Wie sagt man in Spanisch:

1. ich wache auf
2. du bist aufgestanden
3. du wirst bleiben
4. ich habe mich dorthin begeben
5. sie sind weggegangen
6. wir werden aufstehen
7. sie ist rot geworden (ponerse)
8. ich habe mich sehr amüsiert (divertirse)
9. sie verabschieden sich
10. ich traue mich nicht (atreverse)
11. sie haben sich geküsst

12. er ist geblieben

13. wir haben uns geduscht

14. ihr bleibt

15. du bist aufgewacht

16. er hat sich gewaschen

17. sie werden sich trauen

18. ihr werdet aufstehen

19. sie sind geblieben

20. sie amüsieren sich

21. wir sind nicht weggegangen

22. du legst dich hin

23. wir haben uns hingelegt

57 - Reflexive Verben
(etwa Kap.19)

Übersetzung:

Wir haben dieses Wochenende sehr ruhig verbracht.
Am Samstag Abend sind wir ins Kino gegeangen. Danach sind wir spät ins Bett gegangen.
Am Sonntag sind wir spät aufgewacht und noch später aufgestanden.
Zuerst haben wir ein bisschen trainiert (entrenar).
Dann haben wir uns geduscht.
Am Nachmittag haben wir uns zum Flughafen begeben, um uns von einem Freund zu verabschieden, der ein Jahr im Ausland bleiben möchte.
Schließlich haben wir uns für den Montag vorbereitet.

58 - Reflexive Verben

(etwa Kap. 19)

sentarse/ sentirse

Stellen Sie die beiden Verben in der Gegenwart gegenüber, und prägen Sie sich genau die Ähnlichkeiten und die Unterschiede ein!

	sentarse	**sentirse**
yo	_____	_____
tu	_____	_____
el	_____	_____
nosotros	_____	_____
vosotros	_____	_____
ellos	_____	_____

59 - Übersetzung

(etwa Kap 20)

Letzte Woche bin ich mit dem Flugzeug auf La Palma angekommen.
Zuerst bin ich von Frankfurt nach Teneriffa geflogen.
Ich bin mit dem Taxi zum Flughafen in Frankfurt gefahren.
Dort habe ich den Schalter für den Flug nach Teneriffa gesucht. Ich habe meinen Koffer auf das Band gestellt und meine Bordkarte erhalten.
Der Flug nach Teneriffa war angenehm.
Es gab einen guten Film.
In Teneriffa habe ich den Flughafen gewechselt.
Ich hatte genug Zeit und deshalb bin ich mit dem Bus gefahren.
Dann bin ich mit dem letzten Flugzeug von Teneriffa nach La Palma geflogen.
Der Flug hatte Verspätung (llevar retraso).
Ich musste eine Stunde warten.
Am Flughafen von La Palma hat Monika mich mit dem Auto abgeholt.

60 – Personalpronomen lo, la, les....
(etwa Kap.20)

1. ¿Ya has visto el nuevo centro comercial?
   No, todavía no ____ he visto.
2. Pero tú llevas una blusa muy bonita.
   ¿____ has comprado allí?
3. No, ____ he comprado en el rastro.
4. Allí también he dado con Juan.
   ¿Juan? No ____ he visto hace mucho.
5. Me ha contado que va a casarse con una chica de la India, y va a llevar____ por aquí.
6. ¡Qué interesante! Voy a invitar____ un día a mi casa. A ver qué cuentan…
7. ¿Quieres venir también?
   Muchas gracias, pero tengo que aprender para mis exámenes.
   ____ tengo la próxima semana.

61 - Konjugation der reflexiven Verben
(etwa Kap. 20)

despedirse/ despertarse

Stellen Sie die Verben in der Gegenwart gegenüber und prägen Sie sich die Unterschiede genau ein!

	despedirse	**despertarse**
yo.	_____	_____
tu	_____	_____
el	_____	_____
nosotros	_____	_____
vosotros	_____	_____
ellos	_____	_____

62 - Konjugation der reflexiven Verben
(etwa Kap 20)
despedirse / despertarse
Konjugieren Sie die Verben in der Zukunft und stellen Sie das Reflexivpronomen einmal vor und einmal nach.

despedirse   /   despertarse

yo me voy a despedir / me voy a despertar
yo voy a despedirme / voy a despertarme

tu _____   _____

tu _____   _____

el _____   _____

el _____   _____

nosotros _____   _____

nosotros _____   _____

vosotros _____   _____

vosotros _____   _____

ellos _____   _____

ellos _____   _____

63 – Konjugation der reflexiven Verben
(etwa Kap. 20)

acordarse / acostarse

Stellen Sie die Verben in der Gegenwart gegenüber und prägen Sie sich die Unterschiede ein!

	acordarse	acostarse
yo	_____	_____
tu	_____	_____
el.	_____	_____
nosotros	_____	_____
vosotros	_____	_____
ellos	_____	_____

64 – Konjugieren Sie die Verben in der Vergangenheit (Pretérito Perfecto)

acordarse / **acostarse**

yo_____ _____

tu_____ _____

el_____ _____

nosotros_____ _____

vosotros_____ _____

ellos_____ _____

65 - Konjugation der reflexiven Verben
(etwa Kap 20)

Konjugieren Sie die Verben in der Zukunft und stellen Sie das Reflexivpronomen einmal vor und einmal nach.

acordarse / **acostarse**

yo me voy a acordar / me voy a acostar
yo voy a acordarme / voy a acostarme

tu _____ _____

tu_____ _____

el _____ _____

el _____ _____

nosotros_____ _____

nosotros_____ _____

vosotros_____ _____

vosotros_____ _____

ellos_____ _____

ellos_____ _____

66 - Konjugation der reflexiven Verben
(etwa Kap 20)

Stellen Sie die folgenden Verben in der Gegenwart gegenüber und prägen Sie sich die Unterschiede ein!

decidirse **divertirse**

yo_____ _____

tu_____ _____

el_____ _____

nosotros_____ _____

vosotros_____ _____

ellos_____ _____

67 - Posesivos

(etwa Kap 20)

Übersetzung:

1. Wo ist dein Auto? –Meins ist auf dem Parkplatz, aber wo ist deins?
2. Das sind unsere Kinder.-Wo sind eure? Unsere sind in der Schule.
3. Das sind meine Wasserflaschen.-Wo sind seine?-Seine sind im Auto.
4. Das ist meine Frau.-Wo ist deine? Meine ist einkaufen gegangen.
5. Dieses Hemd ist meins.-Wo ist deins? Meins? Es ist im Schrank.
6. Das sind Pedros Bücher. Wo sind meine? Deine? Ich weiß es nicht.
7. Wo sind meine Schlüssel? Sind es nicht die da drüben auf dem Tisch? Nein, das sind deine, aber wo sind meine?
8. Wo ist meine Handtasche? Deine? Ich weiß nicht. Meine ist hier!
9. Das sind unsere Eintrittskarten. Eure sind auf dem Tisch.

68 - muy/ mucho

(etwa Kap. 20)

Übersetzung:

1. Ich habe dich schon lange nicht mehr gesehen.
2. Dauert es noch lange?
3. Antonio und Christine lieben sich sehr.
4. Sie küssen sich viel.
5. Antonio arbeitet sehr viel.
6. Er arbeitet aber auch sehr gut.
7. Das schmeckt mir sehr gut.
8. Das scheint mir sehr schwierig.
9. Um ein Haus zu kaufen, muss man viel Geld haben.
10. Wenn ich gearbeitet habe, bin ich sehr müde.
11. Ich bin stinksauer.(enfadar)
12. Es ist sehr gutes Wetter.

13. Die Leute auf La Palma sind sehr freundlich.

14. Es ist sehr teuer.

15. Aber es gefällt mir sehr.

16. Das kostet viel Geld.

17. Pedro ist sehr intelligent.

18. Er ist ein sehr schlauer (listo/ -a) Junge.

19. Ich kenne ihn sehr gut.

20. Das ist ein sehr guter Film.

21. Ich habe ihn oft gesehen.

22. Es fehlt nicht viel.

23. Ich habe große (!) Probleme gehabt.

69 - Übersetzung: (Gemischtes)
(etwa Kap 20)

1. Ich habe meine Schwester gefragt, um welche Zeit sie anfängt zu arbeiten.

2. Sie sagt, daß sie am Dienstag um 15h arbeiten muß.

3. Wo sind die Autoschlüssel?- Ich kann sie nicht finden.

4. Ich brauche 3 Kugelschreiber und 3 Blätter Papier.

5. Gestern bin ich um 23h (= um 11h abends!) ins Bett gegangen.

6. Normalerweise lege ich mich früher hin.

7. Kennst du Maria?

8. Wo sind die Flugtickets?- Ich habe sie zuhause vergessen.

9. Weisst du, wer die 5. Frau von Heinrich (Enrique) VIII war?

10. Jeden Sonntag treffe ich José.

11. Sonntags gehen wir immer zum Flohmarkt.

12. Wir arbeiten sonntags nie.

13. Ich werde mit dem Auto zur Arbeit fahren.

14. Danach werde ich mit dem Bus nach hause zurückkommen.

15. Er ist um 22h zurückgekommen.

16. Das neue Alarmsystem funktioniert gut.

17. Aber ich kann es nicht programmieren.

18. Wo hast du Jaime getroffen?-Ich habe ihn im Supermarkt gesehen.

19. Am Samstag gab es kein Bier in der Pizzeria.

20. Deshalb habe ich einen halben Liter Rotwein bestellt.

21. Ein halber Liter Wein ist nicht genug.

22. Deshalb habe ich noch einen halben Liter Wein bestellt.

23. Insgesamt haben wir eineinhalb Liter Wein getrunken.

24. Wir haben uns an den großen Tisch gesetzt.

25. Ich habe mich amüsiert.

26. Wir haben das Auto verkauft.- Es ist verkauft.

27. Wir haben die Aktien verkauft.- Sie sind verkauft.

28. Ich habe die Bücher verkauft.- Sie sind verkauft.

29. Ich habe das Haus verkauft.- Es ist verkauft.

30. Ich musste den ganzen Tag arbeiten.

70 - Posesivos

Übersetzen Sie:
(etwa Kap 20)

1. meine Mutter
2. deine Schwestern
3. unsere Geschwister
4. mein Auto
5. unser Haus
6. unsere Kinder
7. sein Buch
8. seine Arbeit
9. deine Bücher
10. eure Eltern
11. ihre Taschen
12. seine Angestellten
13. ihre Angestellten
14. unsere Angestellte
15. sein Angestellter
16. euer Geld
17. mein Nachbar
18. deine Nachbarin
19. unsere Reise
20. sein Geschäft

71 - Posesivos
(etwa Kap 20)

Formulieren Sie um wie im Beispiel:

Bsp: mi coche → el coche mío

1. mi casa → _____
2. nuestros hijos → _____
3. tus libros → _____
4. vuestro dinero → _____
5. nuestras familias → _____
6. tu teléfono → _____
7. su hermano → _____
8. sus niños → _____
9. tu toalla → _____
10. mis cosas → _____
11. vuestra lista → _____
12. nuestro barco → _____

72 - desde, desde hace, antes de, hace...
(etwa Kap 20)

1. Ich bin vor 20 Jahren auf die Insel gekommen.
2. Vor drei Tagen habe ich eine neue Hose gekauft.
3. Wir müssen die Arbeit vor Montag beenden.
4. Seit drei Tagen habe ich eine neue Hose.
5. Ich wohne seit 20 Jahren auf der Insel.
6. Ich lebe hier seit Mai.
7. Seit seiner Operation hat er Probleme.
8. Vor der Operation hatte er keine Probleme.
9. Sie ist schon vor 14h weggegangen.
10. Sie ist vor 5 Minuten gegangen.
11. Wir sind seit 15 Jahren verheiratet.
12. Wir haben vor 15 Jahren geheiratet.
13. Ich habe ihn seit 2 Wochen nicht gesehen.
14. Vor September kehren wir nicht zurück.
15. Ich habe ihn vor 5 Minuten getroffen.

73 - Übersetzung:
(etwa Kap. 21)

Christine hat sich entschieden, auf La Palma zu bleiben.
Jetzt muss sie ihre Eltern informieren.
Sie nimmt Papier und Stift und schreibt:

Liebe Eltern

Meine Ferien auf La Palma sind wunderschön.
Die Insel gefällt mir sehr gut.
Monika hat mir alles gezeigt, und ich bin dabei, Spanisch zu lernen.
Die Zeit ist viel zu schnell vergangen, und deshalb möchte ich noch länger auf La Palma bleiben.
Ich habe eine Wohnung für ein Jahr gefunden, und Monika hat mir geholfen, ein Bankkonto zu eröffnen.
Mit dem Geld, das ich letztes Jahr von der Oma geerbt (heredar) habe, kann ich hier ein Jahr leben.
Ihr könnt mich hier besuchen, es wird Euch sicher gefallen.

Grüsse (saludos) an alle
von Eurer Tochter
Christine

74 - Gerundio
(etwa Kap. 21)

Fragen und antworten Sie wie im Beispiel:

¿Qué estás haciendo?
Estoy tomando un café.

1. aprender español
2. buscar un libro
3. tomar una ducha
4. hablar con Christine
5. leer un libro interesante
6. pintar (streichen) la puerta
7. viajar por el mundo
8. pedir información
9. limpiar la casa
10. comprar flores
11. fumar un cigarrillo
12. desayunar con amigos

75 - Participio/ Gerundio
(etwa Kap 21)

Geben Sie Partizip und Gerundium wie im Beispiel an:

Bsp: trabajar → trabajado/ trabajando

1. poner →_____
2. ir → _____
3. venir → _____
4. creer → _____
5. esperar → _____
6. empezar → _____
7. dormir → _____
8. abrir → _____
9. olvidar → _____
10. decir → _____
11. poder → _____

12. ver → _____

13. cenar → _____

14. volver → _____

15. aprender → _____

16. visitar → _____

17. hacer → _____

18. ser → _____

19. solicitar → _____

20. escribir → _____

21. mover → _____

22. estar → _____

23. viajar → _____

24. llamar → _____

25. leer → _____

26. llover → _____

27. pedir → _____

76 - Übersetzung:

(etwa Kap 21)

Vor drei Tagen hat Monika José auf der Strasse getroffen.
José war früher ihr Nachbar.
Monika hat ihn lange nicht gesehen, weil er in Teneriffa studiert hat.
Ausserdem ist Monika vor einem Jahr in eine andere Stadt gezogen.
José ist nach dem Studium nach La Palma zurückgekehrt.
Früher hatte er viele Freundinnen, aber auf Teneriffa hat er Julia kennengelernt.
Jetzt sind die beiden verheiratet und sie haben seit Januar ein Kind.
Julia arbeitet einige Stunden am Abend.
Deshalb betreut (cuidar) José sein Kind am Nachmittag nach der Arbeit.
José arbeitet auf dem Rathaus.
Er möchte seine Familie Monika vorstellen.
Deshalb verabreden sie sich zum Abendessen.
José gibt Monika seine neue Telefonnummer.

77 - **Ordnungszahlen**

Setzen Sie die fehlenden Ordnungszahlen ein: (etwa Kap. 21)

Enrique VIII (8.)_____, rey de Inglaterra es famoso por casarse varias veces.

Su (1.) _____ esposa ha sido Catalina de Aragón.

Su (2.)_____ esposa ha sido Ana Bolena, que (1.)_____ ha sido dama de compañía (Hofdame) de Catalina de Aragón.

Ha sido decapitado (geköpft).

Después Enrique se ha casado con su (3.)_____ esposa, Juana Seymour.

Los dos han tenido un hijo, EduardoVI (6.)_____ de Inglaterra.

Después de la muerte de Juana Enrique VIII (8.)_____ se ha casado por (4.)_____ vez, con Ana de Cléveris.

El matrimonio ha durado solamente seis meses.

Catalina Howard, prima de Ana Bolena, ha sido la (5.)_____ esposa de Enrique.

A Ana también le ha decapitado.

Finalmente, Enrique se ha casado con su última, la (6.)_____esposa, Catalina Parr.

Catalina Parr ha sobrevivido a Enrique.

Ella se ha casado en total cuatro veces. Enrique VIII (8.) _____ ha sido su (3.)_____ marido.

78 - Befehlsformen
(etwa Kap 22)

Hier sind einige Empfehlungen der Spanischhexe, um zum Lernerfolg zu kommen.
Die Spanischhexe duzt ihre Schüler!

Bsp: llegar puntualmente a clase
➔ ¡Llega a clase puntualmente!

1. aprender diariamente
2. dormir suficiente
3. comer regularmente
4. hacer muchas pausas
5. salir al aire
6. practicar deporte
7. repetir las lecciones
8. tener los libros siempre a mano
9. estudiar el vocabulario
10. terminar siempre los ejercicios
11. trabajar sin música
12. apagar el móvil

79 - Befehlsformen

(etwa Kap 22)

Hier sind einige Empfehlungen des Verkehrsministeriums, um Unfälle zu vermeiden.

Hier wird gesiezt!

Bsp: mantener la calma
➔ ¡Mantenga calma!

1. conducir sin alcohol
2. dormir suficiente
3. respetar las reglas
4. frenar (bremsen) mucho
5. tener cuidado con los niños
6. ir lentamente
7. llevar el coche a la ITV
8. hacer pausas
9. ir sin prisa
10. ser buen ejemplo para los niños
11. tener paciencia con personas mayores
12. conducir con atención

80 – Übersetzung (Gemischtes)
(etwa Kap. 22)

Das ist alles normal

Die Familie Schulze hat ein Haus auf La Palma gekauft.

Es fehlen noch viele Dinge, die sie einkaufen müssen.

Sie fahren nach Los Llanos, weil sie Möbel kaufen möchten.

Um 15 Uhr fahren sie weg, weil es um diese Zeit viele freie Parkplätze gibt.

Ausserdem will Herr Schulze Schlauchschellen (la abrazadera) für das Bewässerungssystem (el sistema de riego) kaufen…

Der Verkäufer hat die Teile (la pieza) gefunden:

„Das macht 58 Euro."-„So viel?" fragt Herr Schulze. „Ja,"sagt der Angestellte, „wenn Sie so aussergewöhnliche Teile brauchen…"

„Ist gut, es gibt keine andere Lösung."-„Möchten Sie eine Rechnung?-Buchstabieren

Sie bitte Ihren Namen."-„S C H U L Z E".
„Eskulze",wiederholt der Verkäufer, und er ist sehr zufrieden.

Auf der Straße vor dem Geschäft trifft Herr Schulze seine Frau. Sie hat gerade eben (acabar de+ inf.) mit Deutschland telefoniert:"Hör mal, deine Tante Ella ist gestorben, wir müssen nach Deutschland fliegen."

„Das tut mir sehr leid, aber sie war schon sehr lange krank. Wir müssen nach Hause zurückfahren, ich muß Eusebio anrufen. Wir werden die Möbel an einem andern Tag kaufen."

Eusebio ist ein Nachbar von Herrn Schulze:

„Hallo, Eusebio, ich habe ein Problem.

Meine Tante ist gestorben und wir müssen nach Deutschland fahren. Kannst du für die nächsten 2 Wochen unseren Garten bewässern (regar)? Aber es ist noch nötig die Schlauchschellen zu montieren. Wir haben schon davon gesprochen."

„Klar", sagt Eusebio, „Morgen früh werde ich vorbeikommen um mir die Sache anzusehen."

„Einverstanden, bis morgen."

Danach kaufen die Schulzes Ihre Flugtickets per Internet…

„Mein Gott!" ruft (exclamar)Frau Schulze. „Ich muß den Termin beim Zahnarzt absagen (cancelar)! Ich habe seit 2 Wochen auf den Termin gewartet."

–„Wie schade", sagt Herr Schulze, aber du mußt ihn anrufen und den Termin absagen. Und den Termin mit Monika müssen wir auch absagen."

Monika ist die Spanischlehrerin der Schulzes. Sie ist eine sehr lebhafte Person, die viel redet.

„Das tut mir leid",sagt sie,"Trotz allem wünsche ich euch eine gute Reise…"

„Morgen müssen wir noch einmal zum Postamt fahren um unsere Briefe zu suchen.Die Telefonrechnung ist noch nicht gekommen und es fehlt noch eine wichtige Rechnung.

„Du hast recht, das ist wichtig."

Am nächsten Tag kommt Herr Schulze vom Postamt zurück:

„Wie war´s?" fragt seine Frau.

„Die Briefträgerin scheint eine sehr ruhige Person zu sein. Sie macht sich um gar nichts Sorgen.

Auf dem Postamt sind 4 Kartons voll mit Briefen, aber nichts für uns.Ich frage mich, wo die Briefe sind.

Ich habe ihr erklärt, daß wir eine Geldstrafe (la multa) zahlen müssen, wenn wir den Brief nicht finden."

„Mach dir keine Sorgen" hat die Briefträgerin gesagt.

„Das ist alles normal…"

81 - por/ para
(etwa Kap.23)

1. Quiero cambiar estos pantalones _____ otros.
2. _____ ganar dinero hay que trabajar.
3. Busco un libro _____ aprender español.
4. _____ poco he perdido la guagua.
5. ¿Has pasado _____ el parque?
6. ¿Has preguntado _____ el precio?
7. Lo he comprado _____ 25 Euros.
8. Mañana salimos _____ Madrid.
9. ¿_____ qué no me has preguntado?
10. ¿_____ qué sirve esto?
11. Quiero una entrada _____ el museo.
12. Me ha mandado la foto _____ WhatsApp.
13. He comprado algunas flores _____ tí.
14. No es un problema _____ mí.
15. _____ mí no hay ningún problema.
16. He llevado los zapatos _____ bailar.

82 - Befehlsformen:
(etwa Kap 24)

La monitora en el gimnasio explica las normas y los ejercicios:
die Trainerin duzt ihre Klienten!

Bsp: hacerse grande
→ hazte grande

1. ponerse de puntillas (Zehenspitzen)
2. respirar normal (atmen)
3. correr
4. estirar las piernas
5. llevarse toalla
6. llevar ropa cómoda
7. beber suficiente agua
8. entrenar con frecuencia
9. doblar las rodillas (Knie)
10. girar el brazo
11. levantar el pecho
12. mantener equilibrio (Gleichgewicht)
13. hacer ejercicios para el abdomen
14. levantarse

83 - Befehlsformen:
(etwa Kap. 24)

Consejos para una vida sana:
gesiezt!

Bsp: comer sano
→ coma sano

1. apuntarse a un gimnasio
2. hacer ejercicio
3. practicar deporte
4. beber suficiente agua
5. mantener dieta
6. protegerse del frío
7. llevar ropa cómoda
8. acostarse temprano
9. relajarse
10. comer más fruta
11. beber poco alcohol
12. caminar mucho
13. cuidarse

84 - Vokabelübung:

Geben Sie die Verben zu den folgenden Substantiven an:

Bsp: trabajo → trabajar

1. producto → _____
2. desayuno → _____
3. viaje → _____
4. solicitud → _____
5. llegada → _____
6. entrada → _____
7. ducha → _____
8. fotocopia → _____
9. cena → _____
10. aparcamiento → _____
11. vuelta → _____
12. salida → _____

13. organización → _____

14. vida → _____

15. regalo → _____

16. encargo → _____

17. llamada → _____

18. subida → _____

19. plano → _____

20. lluvia → _____

21. nieve → _____

22. presentación → _____

23. comida → _____

24. recibo → _____

25. explicación → _____

26. pregunta → _____

27. respuesta → _____

85 – Vokabelübung I

Wie heisst das Gegenteil?

1. blanco   _____
2. largo   _____
3. estrecho   _____
4. cerrado   _____
5. mucho   _____
6. bonito   _____
7. el frío   _____
8. frío   _____
9. rico   _____
10. empezar   _____
11. redondo   _____
12. rápido   _____
13. gordo   _____
14. parecido   _____
15. reír   _____
16. separado   _____
17. serio   _____
18. caro   _____
19. sucio   _____
20. tarde   _____
21. la tarde   _____
22. grande   _____

86.-. Vokabelübung II

Wie heisst das Gegenteil?

1. bueno   _____
2. correcto   _____
3. aquí   _____
4. la muerte   _____
5. el día   _____
6. vender   _____
7. alto   _____
8. enfermo   _____
9. más   _____
10. claro   _____
11. grande   _____
12. pesado   _____
13. nuevo   _____
14. blando   _____
15. tímido   _____
16. tranquilo   _____
17. mojado   _____
18. importante _____
19. nunca   _____
20. cerca   _____
21. derecha   _____
22. difícil   _____

87 – Präpositionen a, de, en...

Welche Präposition erfordert:

1. subir   _____
2. pensar   _____
3. bajar   _____
4. ir   _____
5. estar   _____
6. sentar   _____ la mesa
7. sentar   _____ la silla
8. junto   _____
9. volver   _____
10. llegar   _____
11. partir   _____
12. pasar   _____
13. entrar   _____
14. salir   _____
15. creer   _____
16. delante   _____
17. encima   _____
18. empezar   _____

Beginn des Lösungsschlüssels

1 - ser, estar, hay
Setzen Sie die richtigen Formen (ser, estar, hay) ein und übersetzen Sie den Text ins Deutsche:
(etwa Kap. 3)

Hay siete Islas Canarias.
Las Islas Canarias están en el oeste de África.
La Palma está en el noroeste de las islas.
Es una isla pequeña.
No hay industria.
Las playas de La Palma son pequeñas, pero bonitas.
Hay muchos volcanes.
Están en el sur.
En el este de la isla hay un puerto y un aeropuerto.
La capital está en el este de la isla, pero Los Llanos es más grande.

1

Es gibt sieben Kanarische Inseln.

Die Kanarischen Inseln befinden sich im Westen von Afrika.

La Palma befindet sich im Nordwesten der Inseln.

Es ist eine kleine Insel.

Es gibt keine Industrie.

Die Strände von La Palma sind klein aber hübsch.

Es gibt viele Vulkane.

Sie befinden sich im Süden.

Im Osten der Insel gibt es einen Hafen und einen Flugplatz.

Die Hauptstadt befindet sich im Osten der Insel, aber Los Llanos ist größer.

2 – ir
Wie sagt man in Spanisch
(etwa Kap 3)

1. wir gehen   vamos
2. ich fahre   voy
3. du gehst   vas
4. wir fahren   vamos
5. sie gehen   van
6. er geht   va
7. sie fährt   va
8. ich gehe   voy
9. ihr geht   vais
10. du fährst   vas
11. ihr fahrt   vais
12. sie fahren   van

3 – Fragewörter
Fragen Sie nach der Menge:
(etwa Kap 4)

1. ¿Cuántos libros hay?
2. ¿Cuántas Islas Canarias hay?
3. ¿Cuántas guaguas hay?
4. ¿Cuántos volcanes hay en La Palma?
5. ¿Cuántos bocadillos desea?
6. ¿Cuántas toallas tenemos?
7. ¿Cuántas manzanas desea?
8. ¿Cuántos panes desea?
9. ¿Cuántos coches hay?
10. ¿Cuántos bolsos tiene?
11. ¿Cuántas lonchas desea?
12. ¿Cuántas piedras hay?

4 –Zahlen

Schreiben Sie die folgenden Zahlen als Wort: (etwa Kap 5)

1. 333 trescientos treinta y tres
2. 152 cientocincuenta y dos
3. 25 veinticinco
4. 47 cuarenta y siete
5. 77 setenta y siete
6. 2014 dos mil catorce
7. 9009 nueve mil y nueve
8. 150 000 cientocincuenta mil
9. 555 quinientoscincuenta y cinco
10. 1492 mil cuatrocientos noventa y dos
11. 1972 mil novecientos setenta y dos
12. 1954 mil novecientos cincuenta y cuatro
13. 2012 dos mil doce
14. 2002 dos mil y dos
15. 488 cuatrocientos ochenta y ocho
16. 989 novecientos ochenta y nueve
17. 167 000 ciento sesenta y siete mil
18. 12 345 doce mil trescientos cuarenta y cinco
19. 67 sesenta y siete
20. 76 setenta y seis

5 – Konjugation der regelmässigen Verben

Konjugieren Sie:
(etwa Kap. 6)

comprar- kaufen

ich kaufe	compro
du kaufst	compras
er, sie , es kauft	compra
wir kaufen	compramos
ihr kauft	compráis
sie kaufen	compran

buscar- suchen

ich suche	busco
du suchst	buscas
er, sie, es sucht	busca
wir suchen	buscamos
ihr sucht	buscáis
sie suchen	buscan

6 – **Konjugation der regelmässigen Verben**
Konjugieren Sie:
(etwa Kap.6)

comer- essen

ich esse	como
du isst	comes
er, sie, es isst	come
wir essen	comemos
ihr esst	coméis
sie essen	comen

leer- lesen

ich lese	leo
du liest	lees
er, sie, es liest	lee
wir lesen	leemos
ihr lest	leéis
sie lesen	leen

7 – Konjugation der regelmässigen Verben
Konjugieren Sie:
(etwa Kap. 6)

escribir- schreiben

ich schreibe	escribo
du schreibst	escribes
er, sie, es schreibt	escribe
wir schreiben	escribimos
ihr schreibt	escribís
sie schreiben	escriben

abrir- öffnen

ich öffne	abro
du öffnest	abres
er, sie, es öffnet	abre
wir öffnen	abrimos
ihr öffnet	abrís
sie öffnen	abren

8 - Übersetzung:

(etwa Kap 6)

Christine está en el centro de Los Llanos.
Allí hay una zona peatonal.
Christine quiere comprar postales.
Entra en el supermercado que está cerca.
Allí hay también postales.
Compra cinco postales en el supermercado.
También quiere comprar sellos.
(oder: Quiere comprar sellos también.)
Pero en el supermercado no hay sellos.
Pregunta: -¿Dónde hay sellos?
-En la oficina de correos.
-¿Está lejos?
-No, está cerca. Está allí.
-Muchas gracias, adiós.
-De nada, adiós.

9 - **tener**

Setzen Sie die richtige Form von „tener" ein: (etwa Kap 7)

1. Tenemos mucho trabajo.
2. Juan y Carmen tienen un bar.
3. Christine tiene un coche.
4. Tengo dinero.
5. Tienes tres manzanas.
6. Tenéis una casa.
7. Tengo un bolso negro.
8. No tenemos dinero.
9. ¿Tienes naranjas?
10. ¿Tenemos comida?
11. Juan tiene crema de sol.
12. Christine y Monika tienen muchos libros.

10 - Fragewörter:
(etwa Kap 7)

Übersetzung:

1. ¿Dónde están las chicas?
2. ¿Cómo está usted?
3. ¿Quién es esta chica?
4. ¿Por qué no estás aquí?
5. ¿A qué hora va la guagua?
6. ¿Cuánto cuesta?
7. ¿Quiénes son estos chicos?
8. ¿Adónde vas?
9. ¿De quién hablas?
10. ¿Qué es esto?
11. ¿Quién es (este)?
12. ¿Cuál coche es?
13. ¿Cuánto tiempo esperamos?
14. ¿Cuándo vamos a La Palma?
15. ¿De dónde vienen?
16. ¿A quién preguntamos?
17. ¿Qué necesitamos?
18. ¿Qué desayunáis?
19. ¿Con quién hablamos?
20. ¿ Cómo haces esto?

11 – Demonstrativpronomen: este, ese, aquel....

(etwa Kap 7)

Christine steht im Supermarkt an der Fleischtheke. Sie hat bereits ein schönes Stück Fleisch ins Auge gefasst, und als sie an die Reihe kommt, sagt sie:

-Quiero ese trozo de carne.
Die Verkäuferin will sicher gehen, legt die Hand darauf und fragt:
-¿Este?
-Sí, ese.
¿Algo más?
-Sí, además cien gramos de jamón, por favor.
Da es zwei Sorten Schinken gibt, fragt die Angestellte:
-¿ De este?
-Sí, de ese. Además quiero esas alas de pollo (Hühnerflügel).
-¿Estas?
-Sí, muchas gracias. ¿Tiene escalope de ternera (Kalbsschnitzel)?
-Lo siento (tut mir leid), señora, vienen esta tarde.
(heute Nachmittag).

12 – Fragewörter

Zählen Sie alle Fragewörter auf, die Sie kennen.
Es sollten mindestens 9 sein!
(etwa Kap 7)

1. ¿qué?
2. ¿quién? / ¿quiénes?
3. ¿a quién?
4. ¿de quién?
5. ¿dónde?
6. ¿adónde?
7. ¿cómo?
8. ¿cuánto (-os / -a / -as)?
9. ¿cuándo?
10. ¿cuánto tiempo?
11. ¿a qué hora?
12. ¿por qué?
13. ¿cuál (-es)?

13 - **Wie sagt man auf Spanisch:**
(etwa Kap.7)

1. tres chicas bonitas
2. cinco tomates verdes
3. dos bocadillos
4. un coche caro
5. muchos libros gordos
6. tres botellas de vino
7. un paquete de sal
8. muchas playas bonitas
9. siete Islas Canarias
10. un bar bueno
11. dos chicos simpáticos
12. mucho dinero
13. un café con leche
14. la cuenta, ¡por favor!
15. cinco piedras grandes
16. dos cremas de sol
17. cuatro bolsos pequeños /bolsas pequeñas
18. dos toallas grandes
19. una isla bonita
20. dos aviones grandes

14 - **Wie sagt man in Spanisch:**
(etwa Kap. 7)

1. dice
2. vemos
3. van
4. sabemos
5. salgo
6. no sé
7. pone
8. pongo
9. tenemos
10. hacéis
11. no hago
12. sabéis
13. ven
14. digo
15. pagan
16. tienes
17. buscamos
18. lleva
19. salen
20. dicen
21. pones
22. compráis

15 - Farben:
(etwa Kap 7)

Geben Sie die korrekte Endung der Farbe an:

1. zapatos azules
2. flores rojas
3. una bolsa blanca
4. comida verde
5. cielo gris
6. libros negros
7. un barco azul
8. una manzana blanca
9. manzanas rojas
10. coches marrones
11. una naranja verde
12. naranjas naranjas
13. toallas amarillas
14. el mar azul
15. arroz blanco
16. platanos amarillos
17. aguacates verdes
18. un coche negro
19. playas negras
20. bolsos grises
21. flores azules
22. una botella azul

16 - Demonstrativpronomen
(etwa Kap 7)

Todo está aquí:

Setzen Sie die richtige Form von „este" ein.
Bsp:_____ libro → este libro

1. Estos libros
2. Esta manzana
3. Esta botella
4. Estos coches
5. Estos papeles
6. Esta bolsa
7. Estos bolsos
8. Este barco
9. Esta chica
10. Estos chicos
11. Esta isla
12. Este plátano
13. Esta playa
14. Este avión
15. Este café
16. Este parque
17. Estas calles
18. Esta ciudad

17 - Demonstrativpronomen
(etwa Kap 7)

Todo está ahí:

Setzen Sie die richtige Form von „ese" ein.
Bsp:_____ libro → ese libro

1. Esos libros
2. Esas chicas
3. Esos señores
4. Ese bolso
5. Esas playas
6. Esos coches
7. Esa calle
8. Ese arroz
9. Esas manzanas
10. Esos bares
11. Esas ciudades
12. Esas bolsas
13. Esos plátanos
14. Ese avión
15. Ese barco
16. Esos supermercados
17. Esa farmacia
18. Ese chico

18 - **Demonstrativpronomen**:
(etwa Kap 7)

Todo está allí:

Setzen Sie die richtige Form von „aquel" ein.
Bsp:_____ libro → aquel libro

1. Aquellos libros
2. Aquellos bares
3. Aquella señora
4. Aquel coche
5. Aquellas islas
6. Aquellos volcanes
7. Aquella ciudad
8. Aquel día
9. Aquel chico
10. Aquellos barcos
11. Aquellos bancos
12. Aquella plaza
13. Aquellos tomates
14. Aquel parque nacional
15. Aquellos centros
16. Aquel avión
17. Aquellos señores
18. Aquellos puertos

19 - Übersetzung ser/ estar

(etwa Kap. 8.)

1. No sé donde estamos.
2. Esto es una pregunta difícil.
3. Christine es una chica bonita.
4. Está en la ducha.
5. Pregunta cómo estás.
6. Todavía estoy en el principio.
7. La bolsa es azul.
8. Monika está enferma.
9. El jefe de María es simpático.
10. Hoy está en Tenerife.

20 - Übersetzen Sie:

(etwa Kap 1-8)

1. Christine vive en Los Llanos.
2. Trabaja mucho.
3. Va a la policía de extranjeros.
4. Buscamos un cajero automático.
5. Quiero comprar una casa.
6. Necesito un coche bueno.
7. Quiero trabajar en un restaurante.
8. Christine y Monika están en la plaza.
9. Hablan con el camarero.
10. Pagáis el café.
11. ¿Quién eres?
12. ¿Qué haces?
13. ¿Dónde estamos?
14. Antonio quiere medio litro de vino.
15. Explica el camino.
16. Somos extranjeros.
17. Compra crema de sol.
18. Tienes que volver.
19. Hay que pagar.
20. ¿Qué necesitas?

21 – querer

Setzen Sie die richtige Form von "querer" ein: (etwa Kap 10)

1. (Yo) Quiero comprar un coche.
2. Christine quiere vivir en La Palma.
3. (Vosotros) queréis tomar café.
4. Christine y Monika quieren comer algo.
5. (Nosotros) Queremos abrir una ventana.
6. ¿(Tu) Quieres hablar con Julio?
7. (Yo) Quiero aprender español.
8. (Nosotros)Queremos hablar español.
9. Julio y Carmen quieren viajar mucho.
10. ¿(Tu) Quieres una cerveza?
11. (Nosotros) No queremos trabajar mucho.

22 - hay, está, es

(etwa Kap 10)
Setzen Sie das richtige Wort ein

1. Christine está en Los Llanos.
2. Allí hay muchos coches.
3. Christine busca el banco, que está en la plaza.
4. Christine es la amiga de Monika.
5. Está en casa.
6. Es una casa grande./ Hay una casa grande.
7. ¿Cómo está Monika? / ¿Cómo es Monika?
8. ¿Dónde está Monika?
9. En Los Llanos hay un museo.
10. El museo está cerca de la plaza.
11. Es un museo muy interesante.
12. ¿Cuántos pisos hay?
13. Hay cuatro pisos.
14. ¿Dónde está La Palma?
15. ¿Qué es La Palma?
16. ¿Qué hay en La Palma?
17. ¿Quién es este chico?
18. ¿Dónde hay una farmacia?
19. ¿Qué es esto?
20. En la biblioteca hay muchos libros

23 – poder / poner

Verflixte Ähnlichkeiten:
(etwa Kap 10)

Stellen Sie die beiden Verben in der Gegenwart gegenüber und prägen Sie sich genau die Unterschiede ein!

	poder	**poner**
yo	puedo	pongo
tu	puedes	pones
el	puede	pone
nosotros	podemos	ponemos
vosotros	podéis	ponéis
ellos	pueden	ponen

24 – perder / pedir

Verflixte Ähnlichkeiten:
(etwa Kap 10)

Stellen Sie die beiden Verben in der Gegenwart gegenüber und prägen Sie sich die Unterschiede ein!

	perder	**pedir**
yo	pierdo	pido
tu	pierdes	pides
el	pierde	pide
nosotros	perdemos	pedimos
vosotros	perdéis	pedís
ellos	pierdcn	piden

25 - Übersetzen Sie:
(etwa Kap. 10)

Monika y Christine van a la policía de extranjeros que está en Santa Cruz.
Allí rellenan una solicitud y reciben un número NIE para Christine.
Delante de la policía encuentran a María.
María es una amiga de Monika.
Trabaja en el restaurante Gonzalez.
Allí trabaja mucho pero gana poco.
Quiere ir un año a Alemania para trabajar allí y para aprender alemán.
Busca a una chica que quiere vivir en su piso.
Las chicas quieren visitar a María al día siguiente para mirar el piso.

26 - Uhrzeiten:

(etwa Kap 10)

Formulieren Sie jeweils zwei Sätze wie im Beispiel:

Bsp.: mañana   10h

→Por la mañana a las diez.
→A las diez de la mañana.

1. Por la noche a las ocho./ A las ocho de la noche.
2. Por la tarde a las tres. / A las tres de la tarde.
3. Por la trade a las cinco. /A las cinco de la tarde.
4. Por la noche a las diez. / A las diez de la noche.
5. Por la mañana a las siete. / A las siete de la mañana.
6. Por la mañana a las once. / A las once de la mañana.
7. Por la noche a las doce. / A las doce de la noche.
8. Por la tarde a las dos. / A las dos de la tarde.
9. Por la mañana a las cuatro. / A las cuatro de la mañana.

27 - Uhrzeiten:
(etwa Kapitel 10)

Schreiben Sie jeweils den ganzen Satz wie im Beispiel:

Bsp: 9.30h
Son las nueve y media de la mañana.

1. Son las seis menos cuarto de la mañana.
2. Son las seis menos cuarto de la tarde.
3. Son las once menos dos de la mañana.
4. Es la una menos cuarto de la tarde.
5. Es la una y media de la tarde.
6. Son las dos y veinte y cinco minutos de la noche.
7. Son las once menos veinte de la noche.
8. Son las siete y doce de la mañana.
9. Es la una de la noche.
10. Son las doce y media de la noche.

28 – Uhrzeiten

Übersetzen Sie:
(etwa Kap 10)

1. ¿Qué hora es?
2. Son las ocho de la noche.
3. ¿A qué hora salimos?
4. A las diez de la noche.
5. El cine empieza a las diez y media (de la noche).
6. ¿A qué hora empiezas a trabajar?
7. Empiezo a las nueve de la mañana.
8. Termino a las tres de la tarde.
9. A las cinco de la tarde voy al gimnasio.
10. ¿A qué hora sale el avión?
11. A las tres menos veinte y cinco de la tarde.
12. Bueno, entonces salimos de casa a la una.
13. ¿A qué hora tenemos que ir?
14. a las siete y media.
15. ¿Y qué hora es ahora?
16. Son las siete.
17. Entonces vamos en media hora.

29 – Präpositionen de-del- de la

Setzen Sie die richtige Form ein:
(etwa Kap 11)

1. El coche de Antonio está delante de la casa.
2. Es la casa de Christine.
3. María trabaja en el restaurante de Julio.
4. A la izquierda del restaurante hay una tienda pequeña.
5. Es la tienda de la señora Molinera.
6. Detrás de la tienda hay otra casa.
7. María es una amiga de Monika.
8. La plaza está en el centro de la ciudad.
9. La Caldera de Taburiente está en el centro de La Palma.
10. La Palma es una isla de las Islas Canarias.

30 - Verbos con Diptongo
(etwa Kap 11)

Setzen Sie die richtigen Verbformen ein:

Christine quiere vivir en La Palma.
Piensa en Alemania y empieza a escribir una carta a los amigos.
Escribe que prefiere vivir en La Palma.
Cuenta de la vida en La isla.
Dice que la gasolina cuesta menos que en Alemania.
Además escribe que duerme mucho mejor (besser) que en Alemania.
Todavía no entiende mucho español, pero quiere aprender más.
Termina la carta, cierra el piso con llave y va al buzón (Briefkasten).
No vuelve a casa.
Entra en un bar, donde pide un café con leche.
Allí encuentra a Monika, y las dos chicas almuerzan juntas (zusammen).

31 - Präpositionen

delante de, detrás de, en, al lado de....
(etwa Kap11)

Beschreiben Sie das Arbeitszimmer von Monika.

Lösungsvorschlag:

El escritorio está en el centro de la habitación. ./ En el centro de la habitación hay un escritorio.
Monika está detrás del escritorio, en una silla.
Monika lleva un sombrero negro.
En el escritorio hay muchos libros, un móvil y una taza.
El ordenador está en el escritorio también.
Al lado del escritorio hay un armario.
(Detrás de Monika) en la pared hay tres cuadros.

32 - müssen

(etwa Kap 12)

Formulieren Sie um wie im Beispiel:

Bsp:
 Es necesario aprender → Hay que aprender

1. Hay que explicar la situación.
2. Hay que esperar media hora.
3. Hay que tomar mucha agua.
4. Hay que hablar del tema.
5. Hay que saber nadar.
6. Hay que estudiar mucho.
7. Hay que trabajar.
8. Hay que rellenar una ficha.
9. Hay que ganar dinero.
10. Hay que pagar la cuenta.

33 - müssen
(etwa Kap 12)

Nehmen Sie die Sätze der letzten Übung als Grundlage und formulieren Sie um wie im Beispiel:

Bsp:
Es necesario aprender → Tenemos que aprender.
1. Tenemos que explicar la situación.
2. Tenemos que esperar media hora.
3. Tenemos que tomar mucha agua.
4. Tenemos que hablar del tema.
5. Tenemos que saber nadar.
6. Tenemos que estudiar mucho.
7. Tenemos que trabajar.
8. Tenemos que rellenar una ficha.
9. Tenemos que ganar dinero.
10. Tenemos que pagar la cuenta.

34 - Präpositionen

Übersetzen Sie: (etwa Kap. 13)

(delante de, debajo de, a la izquierda, encima de...)

1. En el salón de Monika hay una mesa redonda y cuatro sillas.
2. encima de la mesa hay una lámpara.
3. Al lado de la mesa está el escritorio.
4. En el escritorio está el ordenador.
5. Detrás del escritorio hay otra silla.
6. Debajo de la mesa están los zapatos de Monika.
7. A la izquierda de la silla hay una lámpara de pie grande.
8. Delante de la casa está el coche de Christine.
9. Enfrente de la casa hay un supermercado.
10. A la derecha de la casa hay un banco.
11. Es piso está en el centro de la ciudad.
12. En la pared hay dos cuadros.
13. Entre los cuadros hay una ventana.
14. La ventana está cerrada.

35 – Präpositionen a; de; en; con
(etwa Kap. 14)

1. Vamos al restaurante.
2. En Los Llanos hay muchos coches.
3. ¿Cuándo has llegado a La Palma?
4. Estoy en la playa.
5. Quiero vivir en La Palma.
6. ¿A qué hora ha llegado el avión de / a Madrid?
7. ¿A qué hora sale el avión a / de Madrid?
8. Tengo que ir al banco.
9. El banco está en la plaza.
10. Quiero hablar con Pedro.
11. ¿De dónde vienes?
12. He estado con ellos.
13. ¿De qué hablas?
14. ¿Con quién hablas?
15. Hablo con / de el hermano de María.
16. Estoy en casa.
17. He venido en coche.
18. He venido con / de Monika.
19. Estamos en Los Llanos.

36 – poder / saber

(etwa Kap 13)

Übersetzung:

1. ¿Sabes cocinar?
2. Sé cocinar, pero ahora no puedo. No tengo tiempo.
3. El niño tiene cinco años y ya sabe nadar.
4. ¿Sabes trabajar con el ordenador?
5. No puedo trabajar con el ordenador porque no hay luz.
6. ¿Sabes tocar un instrumento?
7. ¿Sabes esquiar?
8. ¿Me puedes recoger del aeropuerto?
9. ¿Sabes hablar español?
10. ¿Puedes hablar con Julio?

37 - Übersetzung:

(etwa Kap 14)

Christine ha abierto una cuenta bancaria.
Ha entrado en el banco y ha hablado con la empleada.
Christine ha dicho que quiere una cuenta corriente y que quiere pagar la luz y el teléfono por domiciliación.
Christine ha ingresado doscientos Euros.
La empleada ha dicho que la página web del banco existe también en alemán.
Ahora Christine puede acceder a la cuenta por Internet.
Puede hacer transferencias y preguntar por el saldo.
Es muy práctico.

38 - Wie sagt man in Spanisch:
(etwa Kap 14)

1. Tomamos café.
2. Tengo un problema.
3. Christine escribe una carta.
4. Monika trabaja demasiado.
5. Tarda mucho.
6. Pagamos la cuenta.
7. No sé.
8. ¿Tenéis tiempo?
9. Van a Fuencaliente.
10. ¿Hablas con Julio?
11. Monika cuenta algo.
12. Abren la tienda.
13. Empiezas a trabajar.
14. ¿Qué hacéis?
15. ¿A qué hora vuelves?
16. Ganan mucho dinero.
17. Duerme mucho.
18. Pruebo la comida.
19. Pienso en ti.
20. No entiende nada.

39 - Setzen Sie die Sätze 1. – 20. der letzten Übung (38) in die Vergangenheit!
(etwa Kap 14)

1. Hemos tomado café.
2. He tenido un problema.
3. Christine ha escrito una carta.
4. Monika ha trabajado demasiado.
5. Ha tardado mucho.
6. Hemos pagado la cuenta.
7. No he sabido.
8. ¿Habéis tenido tiempo?
9. Han ido a Fuencaliente.
10. ¿Has hablado con Julio?
11. Monika ha contado algo.
12. Han abierto la tienda.
13. Has empezado a trabajar.
14. ¿Qué habéis hecho?
15. ¿A qué hora has vuelto?
16. Han ganado mucho dinero.
17. Ha dormido mucho.
18. He probado la comida.
19. He pensado en ti.
20. No ha entendido nada.

40 - Setzen Sie die Sätze 1. – 20. der letzten Übung (38) in die Zukunft!
(etwa Kap 14)

1. Vamos a tomar café.
2. Voy a tener un problema.
3. Christine va a escribir una carta.
4. Monika va a trabajar demasiado.
5. Va a tardar mucho.
6. Vamos a pagar la cuenta.
7. No voy a saber.
8. ¿Vais a tener tiempo?
9. Van a ir a Fuencaliente.
10. ¿Vas a hablar con Julio?
11. Monika va a contar algo.
12. Van a abrir la tienda.
13. Vas a empezar a trabajar.
14. ¿Qué vais a hacer?
15. ¿A qué hora vas a volver?
16. Van a ganar mucho dinero.
17. Va a dormir mucho.
18. Voy a probar la comida.
19. Voy a pensar en ti.
20. No va a entender nada.

41 – Partizip

Setzen Sie die folgenden Verben von der Grundform ins Partizip:
(etwa Kap 14)

Bsp: comer → comido

1. preparar → preparado
2. abrir → abierto
3. vivir → vivido
4. cenar → cenado
5. hacer → hecho
6. morir → muerto
7. tener → tenido
8. escribir → escrito
9. poner → puesto
10. ver → visto
11. poder → podido
12. venir → venido

42 – Datumsangaben

Geben Sie die folgenden Daten korrekt an, und schreiben Sie dabei die Zahlen aus. Prägen Sie sich ein, daß „am" hier durch „el" übersetzt wird!
(etwa Kap 14)

Bsp: **am** 3. 4. 1895→**el** tres de abril de mil ochocientos noventa y cinco

1) el doce de marzo de mil novecientos setenta y dos
2) el veinticuatro de diciembre de mil novecientos noventa y ocho
3) el siete de febrero de dos mil catorce
4) el seis de noviembre de mil setecientos setenta y cinco
5) el quince de agosto de dos mil trece
6) el diez de mayo de mil seiscientos noventa y dos
7) el diecinueve de octubre de mil quinientos treinta
8) el uno de enero de dos mil dos
9) el tres de junio de mil novecientos sesenta y dos
10) el nueve de septiembre de mil novecientos sesenta y nueve
11) el treinta y uno de diciembre de dos mil trece

43 - Gegenwart, Vergangenheit oder Zukunft?

Setzen Sie die richtigen Verbformen ein: (etwa Kap. 16)

Christine es una chica de Alemania.
Ha venido a La Palma para visitar a su amiga Monika.
A Christine le gusta la isla y por eso quiere vivir en La Palma.
Ha ido con Monika a la policía de extranjeros para solicitar un número NIE.
Después las chicas han abierto una cuenta bancaria.
Christine ha conocido a María.
Puede vivir un año en el piso de María.
Mañana Christine va a solicitar Internet.
Después va a comprar una botella de vino.

45 – El tiempo

(etwa Kap 16)

Übersetzung:

Christine habla por teléfono con los padres en Alemania.
La madre de Christine pregunta: -¿Qué tiempo hace en La Palma?
-Hace buen tiempo. Hace 24 grados y cielo azul. Tengo calor.
El tiempo es típico para las Islas Canarias.
-¡Qué suerte! responde la madre.
Aquí hace frío y llueve.
El viernes ha nevado. Toda la semana el cielo ha estado cubierto, y ha hecho viento.
Necesitamos la calefacción. La predicción (del tiempo) es mala.
-Sí. Así es el invierno en Alemania.
Christine termina la llamada (la conversación) y está muy contenta.

45 – El tiempo
 (etwa Kap 16)

Übersetzung:

El tiempo está loco
Christine encuentra a la vecina Julia.
-Hola Julia, ¿qué tal?
-¿Te gusta este tiempo?
-No, hace demasiado calor para mí. Pero no me quiero quejar. En Alemania ha nevado y hace mucho frío… Me gusta más (prefiero) el calor.
-Pero el viento que ha hecho toda la semana ha sido horrible.
-Es verdad.
-La predicción (del tiempo) dice que va a llover la semana que viene (la próxima semana).
-Sí, estamos en invierno…
-Entonces ya no va a hacer tanto calor.
-Eso espero también.
-Bueno, tenemos que aceptarlo como es.

46 - gustar I

(etwa Kap 17)

1. Me gusta viajar.
2. Pero no me gusta ir a Alemania.
3. Me gusta vivir en Los Llanos.
4. Me gusta aprender español.
5. Pero no me gusta ir a clase.
6. Me gusta nadar.
7. Pero no me gusta el agua fría.
8. El hermano de Antonio me gusta mucho.
9. Pero no me gusta su hermana.
10. Yo no le gusto a ella tampoco.
11. Nos gusta La Palma.
12. Pero nos gusta también ir a La Gomera.
13. Pero no nos gusta ir en barco.
14. Nos gusta este libro de ejercicios.
15. ¿Te gusto?
16. Sí, me gustas mucho.
17. Me gusta tu peinado nuevo.

47 - gustar II
(etwa Kap 17)

1. A Christine le gusta Antonio, y a Antonio le gusta Christine también. Pero hay algunas diferencias:
2. A Antonio le gusta el gofio, pero a Christine no le gusta.
3. A Christine le gusta salir, pero a Antonio le gusta más (anstelle von "le gusta más" kann auch jeweils "prefiere" stehen!) mirar la tele.
4. A Christine le gustan las montañas pero a Antonio le gusta más el mar.
5. A Antonio le gusta un coche grande, pero a Christine le gusta más un coche pequeño.
6. A Christine le gustan las películas de amor pero a Antonio le gusta más mirar el fútbol.
7. A Antonio le gusta ir al gimnasio, pero a Christine le gusta más caminar.
8. A Antonio le gusta la carne, pero a Christine le gusta más la ensalada. También tienen mucho en común.
9. A los dos les gusta ir a bailar
10. A los dos les gusta la música.
11. A los dos les gustan los gatos.

48 – Pronomen lo, la, le...

(etwa Kap 17)

Benutzen Sie in den folgenden Sätzen das Pronomen wie im Beispiel angegeben:

Bsp: Compro una casa. → La compro.

1. Lo busco.
2. La quiero
3. Le veo.
4. La veo.
5. Los veo.
6. Los quiero.
7. Lo doy.
8. Las doy.
9. Lo busco.
10. Las compro.
11. Le quiere
12. La quiere
13. Lo busco.
14. Le busco.
15. Los saludo.

49 – Pronomen

Setzen Sie die Lösungssätze 1.-15. aus der vorhergehenden Übung (48) wie folgt in die Zukunft:

Bsp: La compro → La voy a comprar.
 → Voy a comprarla.

1. Lo voy a buscar. / Voy a buscarlo.
2. La voy a querer. / Voy a quererla.
3. Le voy a ver. / Voy a verle.
4. La voy a ver. / Voy a verla.
5. Los voy a ver. / Voy a verlos.
6. Los voy a querer. / Voy a quererlos.
7. Lo voy a dar. / Voy a darlo.
8. Las voy a dar. / Voy a darlas.
9. Lo voy a buscar. /Voy a buscarlo.
10. Las voy a comprar./ Voy a comprarlas.
11. Le va a querer. / Va a quererle.
12. La va a querer. / Va a quererla.
13. Lo voy a buscar. / Voy a buscarlo.
14. Le voy a buscar. / Voy a buscarle.
15. Los voy a saludar. / Voy a saludarlos.

50 - Pronomen

Setzen Sie die Lösungssätze 1. -15 aus der Übung 48. in die Vergangenheit (Preterito Perfecto).

Bsp: La compro. → La he comprado.

1. Lo he buscado.
2. La he querido.
3. Le he visto.
4. La he visto.
5. Los he visto.
6. Los he querido.
7. Lo he dado.
8. Las he dado.
9. Lo he buscado.
10. Las he comprado.
11. Le ha querido.
12. La ha querido.
13. Lo he buscado.
14. Le he buscado.
15. Los he saludado.

51 - Übersetzung:
(etwa Kap 18)

Una cena
El sábado hemos organizado una cena.
Hemos invitado a cuatro amigos.
Hemos tomado cocteles.
Después hemos comido una sopa china de pollo.
La receta para eso hemos bajado del Internet.
Después (entonces) ha habido hili con carne con arroz.
Ha sido bastante picante.
Para el postre ha habido helado con cerezas calientes.
La comida ha gustado mucho a todos.
Por fin (Finalmente) hemos tomado café.
Les ha gustado mucho a todos y en dos semanas vamos a encontrarnos otra vez.
(nos vamos a encontrar otra vez)
Entonces en casa de los amigos.

52 - Komparativ und Superlativ
Steigerungsformen

(etwa Kap 19)

1. Este es el armario más pequeño.
2. Mis zapatos son más grandes que tus zapatos.
3. Esta mesa es la más pequeña.
4. La silla a la derecha es más alta que la silla a la izquierda.
5. Nuestra casa es más grande (alta) que la casa del vecino.
6. Este jardín es el más bonito de El Paso.
7. Este vestido es el más feo que tengo.
8. Mi libro es mejor que su libro.
9. El jamón cuesta más que la salchicha.
10. El café me gusta menos que el cappuccino.
11. Hoy hace peor tiempo que ayer.
12. Hoy hace más sol que el lunes.
13. En Tazacorte hay menos coches que en El Paso.

14. En Santa Cruz hay los menos aparcamientos.
15. Esta es la peor pizza que hay en la isla.
16. El Teide es más alto que el Roque de los Muchachos.
17. El Teide es la montaña más alta de España.
18. Estos zapatos son los más cómodos.
19. Este coche es el más caro.
20. Vuestro coche es mejor que nuestro coche.
21. Tienes la chuleta más pequeña.

53 - Übersetzung:

(etwa Kap. 19)

1. Llego el viernes.
2. Llevo a mi hermana.
3. Nos acostamos a las once de la noche.
4. Nos levantamos a las siete de la mañana.
5. No me acuerdo.
6. Necesito una cita.
7. Jaime viene a las tres de la tarde.
8. Nos despedimos de Christine.
9. Christine desaparece detrás de la barrera.
10. Volvemos a casa.
11. Salimos a las diez de la noche.

54 - Setzen Sie die Sätze 1.- 11. der vorhergehenden Übung (53) in die Zukunft!

1. Voy a llegar el viernes.
2. Voy a llevar a mi hermana.
3. Nos vamos a acostar (vamos a acostarnos) a las once de la noche.
4. Nos vamos a levantar (vamos a levantarnos) a las siete de la mañana.
5. No me voy a acordar.(no voy a acordarme).
6. Voy a necesitar una cita.
7. Jaime va a venir a las tres de la tarde.
8. Nos vamos a despedir (vamos a despedirnos) de Christine.
9. Christine va a desaparecer detrás de la barrera.
10. Vamos a volver a casa.
11. Vamos a salir a las diez de la noche.

55 - Setzen Sie die Sätze 1. - 11. der vorletzten Übung (53) in die Vergangenheit!

1. He llegado el viernes.
2. He llevado a mi hermana.
3. Nos hemos acostado a las once de la noche.
4. Nos hemos levantado a las siete de la mañana.
5. No me he acordado.
6. He necesitado una cita.
7. Jaime ha venido a las tres de la tarde.
8. Nos hemos despedido de Christine.
9. Christine ha desaparccido detrás de la barrera.
10. Hemos vuelto a casa.
11. Hemos salido a las diez de la noche.

56 - Reflexive Verben
(etwa Kap 19)

Wie sagt man in Spanisch:

1. me despierto
2. te has levantado
3. te vas a quedar
4. me he dirigido allí
5. se han marchado
6. vamos a levantarnos/ nos vamos a levantar
7. se ha puesto rojo
8. me he divertido mucho
9. se despiden
10. no me atrevo
11. se han besado

12. se ha quedado

13. nos hemos duchado

14. os quedáis

15. te has despertado

16. se ha lavado

17. se van a atrever/ van a atreverse

18. vais a levantaros / os vais a levantar

19. se han quedado

20. se divierten

21. no nos hemos ido (marchado)

22. te acuestas

23. nos hemos acostado

57 - Reflexive Verben

(etwa Kap.19)

Hemos pasado este fin de semana muy tranquilo.

El sábado por la noche hemos ido al cine.

Después nos hemos acostado tarde.

El domingo nos hemos despertado tarde y nos hemos levantado más tarde todavía.

Primero hemos entrenado un poco.

Después nos hemos duchado.

Por la tarde nos hemos dirigido al aeropuerto para despedirnos de un amigo que quiere quedarse un año en el extranjero.

Al fin (Finalmente) nos hemos preparado para el lunes.

58 - Reflexive Verben
(etwa Kap. 19)

sentarse/ sentirse

Stellen Sie die beiden Verben in der Gegenwart gegenüber, und prägen Sie sich genau die Ähnlichkeiten und die Unterschiede ein!

sentarse	**sentirse**
me siento	me siento
te sientas	te sientes
se sienta	se siente
nos sentamos	nos sentimos
os sentáis	os sentís
se sientan	se sienten

59 - Übersetzung
(etwa Kap 20)

La semana pasada he llegado a La Palma en avión.
Primero he ido de Frankfurt a Tenerife.
He ido en Taxi al aeropuerto de Frankfurt.
Allí he buscado la taquilla para el vuelo a Tenerife.
He puesto mi maleta en la cinta y he recibido mi tarjeta de embarque.
El vuelo a Tenerife ha sido agradable.
Han puesto una película buena.
En Tenerife he cambiado el aeropuerto.
He tenido bastante (suficiente) tiempo y por eso he ido en guagua.
Entonces he ido en el último avión de Tenerife a La Palma.
El vuelo ha llevado retraso.
He tenido que esperar una hora.
En el aeropuerto de La Palma Monika me ha recogido (buscado) en coche.

60 – Personalpronomen lo, la, les....
(etwa Kap.20)

1. ¿Ya has visto el nuevo centro comercial?
   No, todavía no lo he visto.
2. Pero tú llevas una blusa muy bonita. ¿La has comprado allí?
3. No, la he comprado en el rastro.
4. Allí también he dado con Juan.
   ¿Juan? No le he visto hace mucho.
5. Me ha contado que va a casarse con una chica de la India, y va a llevarla por aquí.
6. ¡Qué interesante! Voy a invitarles un día a mi casa. A ver qué cuentan…
7. ¿Quieres venir también?
   Muchas gracias, pero tengo que aprender para mis exámenes.
   Los tengo la próxima semana.

61 - Konjugation der reflexiven Verben
(etwa Kap. 20)

despedirse/ despertarse

Stellen Sie die Verben in der Gegenwart gegenüber und prägen Sie sich die Unterschiede genau ein!

despedirse	**despertarse**
me despido	me despierto
te despides	te despiertas
se despide	se despierta
nos despedimos	nos despertamos
os despedís	os despertáis
se despiden	se despiertan

62 - Konjugation der reflexiven Verben
 (etwa Kap 20)

despedirse / despertarse

Konjugieren Sie die Verben in der Zukunft und stellen Sie das Reflexivpronomen einmal vor und einmal nach.

despedirse / despertarse

 me voy a despedir / me voy a despertar
voy a despedirme / voy a despertarme

te vas a despedir / te vas a despertar
vas a despedirte / vas a despertarte

se va a despedir / se va a despertar
va a despedirse / va a despertarse

nos vamos a despedir /nos vamos a despertar
vamos a despedirnos /vamos a despertarnos

os vais a despedir / os vais a despertar
vais a despediros / vais a despertaros

se van a despedir / se van a despertar
van a despedirse / van a despertarse

63 – Konjugation der reflexiven Verben
(etwa Kap. 20)

acordarse / acostarse

Stellen Sie die Verben in der Gegenwart gegenüber und prägen Sie sich die Unterschiede ein!

acordarse	**acostarse**
me acuerdo	me acuesto
te acuerdas	te acuestas
se acuerda	se acuesta
nos acordamos	nos acostamos
os acordáis	os acostáis
se acuerdan	se acuestan

64 – Konjugieren Sie die Verben in der Vergangenheit (Pretérito Perfecto)

acordarse / acostarse

me he acordado / me he acostado

te has acordado / te has acostado

se ha acordado / se ha acostado

nos hemos acordado / nos hemos acostado

os habéis acordado / os habéis acostado

se han acordado / se han acostado

65 - Konjugation der reflexiven Verben
(etwa Kap 20)

Konjugieren Sie die Verben in der Zukunft und stellen Sie das Reflexivpronomen einmal vor und einmal nach.

acordarse /**acostarse**

me voy a acordar /me voy a acostar
voy a acordarme /voy a acostarme

te vas a acordar / te vas a acostar
vas a acostarte / vas a acordarte

se va a acordar / se va a acostar
va a acordarse / va a acostarse

nos vamos a acordar / nos vamos a acostar
vamos a acordarnos / vamos a acostarnos

os vais a acordar / os vais a acostar
vais a acordaros / vais a acostaros

se van a acordar / se van a acostar
van a acordarse / van a acostarse

66 - Konjugation der reflexiven Verben
(etwa Kap 20)

Stellen Sie die folgenden Verben in der Gegenwart gegenüber und prägen Sie sich die Unterschiede ein!

decidirse **divertirse**

yo   me decido   me divierto

tu   te decides   te diviertes

el   se decide   se divierte

nosotros nos decidimos   nos divertimos

vosotros os decidís   os divertís

ellos   se deciden   se divierten

67 – Pronombres Posesivos
(etwa Kap 20)

Übersetzung:

1. ¿Dónde está tu coche?- El mío está en el aparcamiento, pero ¿dónde está el tuyo?
2. Estos son nuestros hijos.- ¿Dónde están los vuestros? Los nuestros están en el colegio (la escuela).
3. Estas son mis botellas de agua.- ¿Dónde están las suyas? Las suyas están en el coche.
4. Esta es mi mujer. ¿Dónde está la tuya? La mía ha ido a hacer la compra.
5. Esta camisa es mía. ¿Dónde está la tuya? – ¿La mía? Está en el armario.
6. Estos son los libros de Pedro. ¿Dónde están los míos?- ¿Los tuyos? No lo sé.
7. ¿Dónde están mis llaves?- No son esas ahí en la mesa? - No, son tuyas, pero ¿dónde están las mías?
8. ¿Dónde está mi bolso? – ¿El tuyo? No sé, el mío está aquí.
9. Estas son nuestras entradas. Las vuestras están en la mesa.

68 - muy/ mucho

(etwa Kap. 21)

Übersetzung:

1. No te he visto desde hace mucho tiempo.

2. ¿Todavía tarda mucho?

3. Antonio y Christine se quieren mucho.

4. Se besan mucho.

5. Antonio trabaja mucho.

6. Pero también trabaja muy bien.

7. Eso me gusta mucho.

8. Eso me parece muy difícil.

9. Para comprar una casa hay que tener mucho dinero.

10. Cuando he trabajado estoy muy cansado /-a.

11. Estoy muy enfadado / -a.

12. Hace muy buen tiempo.

13. La gente en La Palma es muy amable.

14. Es muy caro.

15. Pero me gusta mucho.

16. Eso cuesta mucho dinero.

17. Pedro es muy inteligente.

18. Es un chico muy listo.

19. Le conozco muy bien.

20. Es una película muy buena.

21. Lo he visto muchas veces.

22. No falta mucho.

23. He tenido muchos problemas.

69 - Übersetzung: (Gemischtes)

(etwa Kap 20)

1. He preguntado a mi hermana a qué hora empieza a trabajar.

2. Dice que tiene que trabajar el martes a las tres de la tarde.

3. ¿Dónde están las llaves del coche? No puedo encontrarlas.

4. Necesito tres bolígrafos y tres hojas de papel.

5. Ayer me he acostado a las once de la noche.

6. Generalmente / normalmente me acuesto más temprano.

7. ¿Conoces a María?

8. ¿Dónde están los billetes de avión? Los he olvidado en casa.

9. ¿Sabes quién ha sido la quinta mujer de Enrique octavo?

10. Cada domingo encuentro a José.
11. Todos los domingos vamos al rastro.
12. No trabajamos nunca los domingos.
13. Voy a ir en coche al trabajo.
14. Después voy a volver a casa en guagua.
15. Ha vuelto a las diez de la noche.
16. El nuevo sistema de alarma funciona bien.
17. Pero no sé programarlo.
18. ¿Dónde has encontrado a Jaime?- Le he encontrado en el supermercado.
19. El sábado no ha habido cerveza en la pizzería.
20. Por eso he pedido medio litro de vino tinto.
21. Medio litro de vino no es suficiente / bastante.
22. Por eso he pedido otro medio litro de vino.

23. En total hemos tomado un litro y medio de vino.

24. Nos hemos sentado a la mesa grande.

25. Me he divertido./ Lo he pasado bien.

26. Hemos vendido el coche.- Está vendido.

27. Hemos vendido las acciones. – Están vendidas.

28. He vendido los libros.- Están vendidos.

29. He vendido la casa.- Está vendida.

30. He tenido que trabajar todo el día.

70 – Posesivos
(etwa Kap 20)

Übersetzen Sie:

1. mi madre
2. tus hermanas
3. nuestros hermanos
4. mi coche
5. nuestra casa
6. nuestros niños
7. su libro
8. su trabajo
9. tus libros
10. vuestros padres
11. sus bolsos
12. sus empleados
13. sus empleados
14. nuestra empleada
15. su empleado
16. vuestro dinero
17. mi vecino
18. tu vecina
19. nuestro viaje
20. su tienda

71 - Posesivos
(etwa Kap 20)

Formulieren Sie um wie im Beispiel:
Bsp: mi coche → el coche mío

1. mi casa → la casa mía
2. nuestros hijos → los hijos nuestros
3. tus libros → los libros tuyos
4. vuestro dinero → el dinero vuestro
5. nuestras familias → las familias nuestras
6. tu teléfono → el teléfono tuyo
7. su hermano → el hermano suyo
8. sus niños → los niños suyos
9. tu toalla → la toalla tuya
10. mis cosas → las cosas mias
11. vuestra lista → la lista vuestra
12. nuestro barco → el barco nuestro

72 - desde, desde hace, antes de, hace...

(etwa Kap 20)

1. He llegado hace veinte años a la isla.
2. Hace tres días he comprado unos pantalones nuevos.
3. Tenemos que terminar el trabajo antes del lunes.
4. Desde hace tres días tengo unos pantalones nuevos.
5. Estoy viviendo en la isla desde hace veinte años.
6. Vivo aquí desde mayo.
7. Desde su operación tiene problemas.
8. Antes de la operación no ha tenido problemas.
9. Ya se ha ido antes de las dos de la tarde.
10. Se ha ido hace cinco minutos.
11. Estamos casados desde hace quince años.
12. Nos hemos casado hace quince años.
13. No le he visto desde hace dos semanas.
14. No volvemos antes de septiembre.
15. Le he encontrado hace cinco minutos.

73 - Übersetzung:
(etwa Kap. 21)

Christine se ha decidido quedarse en La Palma.
Ahora tiene que informar a sus padres.
Toma papel y bolígrafo y escribe.

Queridos padres:

Mis vacaciones en La Palma son maravillosas.
La isla me gusta mucho.
Monika me ha enseñado todo y estoy aprendiendo español.
El tiempo ha pasado demasiado rápido y por eso quiero quedarme más tiempo en La Palma.
He encontrado un piso para un año y Monika me ha ayudado a abrir una cuenta bancaria.
Con el dinero que he heredado el año pasado de la abuela puedo vivir aquí un año.
Me podéis visitar aquí, seguro que os va a gustar.

Saludos a todos
de vuestra hija
Christine

74 - Gerundio
(etwa Kap. 21)

Fragen und antworten Sie wie im Beispiel:

¿Qué estás haciendo?
Estoy tomando un café.

1. Estoy aprendiendo español
2. Estoy buscando un libro
3. Estoy tomando una ducha
4. Estoy hablando con Christine
5. Estoy leyendo un libro interesante
6. Estoy pintando la puerta
7. Estoy viajando por el mundo
8. Estoy pidiendo información
9. Estoy limpiando la casa
10. Estoy comprando flores
11. Estoy fumando un cigarrillo
12. Estoy desayunando con amigos

75 - Participio/ Gerundio

(etwa Kap 21)

Geben Sie Partizip und Gerundium wie im Beispiel an:

Bsp: trabajar → trabajado/ trabajando

1. poner → puesto / poniendo
2. ir → ido / yendo
3. venir → venido / viniendo
4. creer → creido / creyendo
5. esperar → esperado/esperando
6. empezar → empezado /empezando
7. dormir → dormido / durmiendo
8. abrir → abierto / abriendo
9. olvidar → olvidado / olvidando
10. decir → dicho / diciendo
11. poder → podido / pudiendo

12. ver → visto / viendo

13. cenar → cenado / cenando

14. volver → vuelto / volviendo

15. aprender → aprendido / aprendiendo

16. visitar → visitado / visitando

17. hacer → hecho / haciendo

18. ser → sido / siendo

19. solicitar → solicitado / solicitando

20. escribir → escrito / escribiendo

21. mover → movido / moviendo

22. estar → estado / estando

23. viajar → viajado / viajando

24. llamar → llamado / llamando

25. leer → leido / leyendo

26. llover → llovido / lloviendo

27. pedir → pedido / pidiendo

76 - Übersetzung:
(etwa Kap 21)

Hace tres días Monika ha dado con José en la calle.
Jose antes ha sido su vecino.
Monika no le ha visto desde hace mucho tiempo porque (él) ha estudiado en Tenerife.
Además Monika se ha mudado hace un año a otra ciudad.
José ha vuelto a La Palma después de los estudios.
Antes ha tenido muchas novias, pero en Tenerife ha conocido a Julia.
Ahora los dos están casados y desde enero tienen un hijo/ niño.
Julia trabaja/ está trabajando algunas horas por la noche.
Por eso José cuida a su hijo/ niño después del trabajo por la tarde.
José está trabajando en el Ayuntamiento.
Quiere presentar su familia a Monika.
Por eso se quedan en una cena.
José le da a Monika su nuevo número de teléfono.

77 – Ordnungszahlen
(etwa Kap. 21)

Setzen Sie die fehlenden Ordnungszahlen ein:

Enrique VIII (octavo), rey de Inglaterra es famoso por casarse varias veces.

Su primera esposa ha sido Catalina de Aragón.

Su segunda esposa ha sido Ana Bolena, que primero ha sido dama de compañía (Hofdame) de Catalina de Aragón.

Ha sido decapitado (geköpft).

Después Enrique se ha casado con su tercera esposa, Juana Seymour.

Los dos han tenido un hijo, EduardoVI (sexto) de Inglaterra.

Después de la muerte de Juana Enrique VIII (octavo) se ha casado por cuarta vez, con Ana de Cléveris.

El matrimonio ha durado solamente seis meses.

Catalina Howard, prima de Ana Bolena, ha sido la quinta esposa de Enrique.

A Ana también le ha decapitado.

Finalmente, Enrique se ha casado con su última, la sexta esposa, Catalina Parr.

Catalina Parr ha sobrevivido a Enrique.

Ella se ha casado en total cuatro veces. Enrique VIII (octavo) ha sido su tercer marido.

78 - Befehlsformen

(etwa Kap 22)

Hier sind einige Empfehlungen der Spanischhexe, um zum Lernerfolg zu kommen.

Die Spanischhexe duzt ihre Schüler!

Bsp: llegar puntualmente a clase
➔ ¡Llega a clase puntualmente!

1. aprende diariamente
2. duerme suficiente
3. come regularmente
4. haz muchas pausas
5. sal al aire
6. practica deporte
7. repite las lecciones
8. ten los libros siempre a mano
9. estudia el vocabulario
10. termina siempre los ejercicios
11. trabaja sin música
12. apagar el móvil

79 - Befehlsformen

(etwa Kap 22)

Hier sind einige Empfehlungen des Verkehrsministeriums, um Unfälle zu vermeiden.
Hier wird gesiezt!

Bsp: mantener la calma
➔ ¡Mantenga calma!

1. conduzca sin alcohol
2. duerma suficiente
3. respete las reglas
4. frene mucho
5. tenga cuidado con los niños
6. vaya lentamente
7. lleve el coche a la ITV
8. haga pausas
9. vaya sin prisa
10. sea buen ejemplo para los niños
11. tenga paciencia con personas mayores
12. conduzca con atención

80 – Übersetzung (Gemischtes)
(etwa Kap. 22)

Todo eso es normal

La familia Schulze ha comprado una casa en La Palma.

Todavía faltan muchas cosas que tienen que comprar.

Van a Los Llanos porque quieren comprar muebles.

Salen a las tres de la tarde, porque a esas horas hay muchos aparcamientos libres.

Además el señor Schulze quiere comprar abrazaderas para el sistema de riego…

El dependiente/ vendedor ha encontrado las piezas:

-Son 58 euros. -¿Tanto?- pregunta el señor Schulze. –Sí,- dice el dependiente,-si necesita piezas tan extraordinarias…

-Está bien, no hay otra solución. – ¿Quiere una factura? Deletree su nombre, por favor.

-SCHULZE.- Esculze,- repite el dependiente y está muy contento.

En la calle delante de la tienda el señor Schulze encuentra a su mujer. Acaba de hablar por teléfono con Alemania. –Escucha, tu tía Ella ha muerto, tenemos que ir / viajar a Alemania.

-Lo siento mucho, pero ya ha estado enferma desde hace mucho tiempo. Tenemos que volver a casa, tengo que llamar a Eusebio. Vamos a comprar los muebles otro día.

Eusebio es un vecino del señor Schulze:

-Hola, Eusebio, tengo un problema.

Mi tía ha muerto y tenemos que ir a Alemania. ¿Puedes regar nuestro jardín para las próximas dos semanas? Pero todavía es necesario (hace falta/ es preciso) montar las abrazaderas antes. Ya hemos hablado de eso.

-Claro,-dice Eusebio,-mañana voy a pasar para mirar la cosa.

-De acuerdo, hasta mañana.

Después los Schulze compran sus billetes de avión por Internet…

-¡Dios mio! – exclama la señora Schulze.- Tengo que cancelar la cita con el dentista. He esperado la cita desde hace dos semanas.

-Qué lástima, dice el señor Schulze, -pero tienes que llamarle y cancelar la cita. Y también tenemos que cancelar la cita con Monika.

Monika es la profesora de español de los Schulze. Es una persona muy viva, que habla mucho.

-Lo siento,-dice. –A pesar de todo os deseo buen viaje.

-Mañana tenemos que ir otra vez a la oficina de correos para buscar nuestras cartas. Todavía no ha llegado la factura de teléfono y falta otra factura importante.

-Tienes razón, es importante.

Al día siguiente el señor Schulze vuelve de la oficina de correos:

-¿Qué tal? – pregunta su mujer.

-La cartera parece ser una persona muy tranquila. No se preocupa de nada.

En la oficina de correos hay cuatro cajas llenas de cartas, pero nada para nosotros. Me pregunto dónde están las cartas.

Le he explicado que tenemos que pagar una multa si no encontramos la carta.

-No te preocupes- ha dicho la cartera.

-Todo eso es normal.

81 - por/ para
(etwa Kap.23)

1. Quiero cambiar estos pantalones por otros.
2. Para ganar dinero hay que trabajar.
3. Busco un libro para aprender español.
4. Por poco he perdido la guagua.
5. ¿Has pasado por el parque?
6. ¿Has preguntado por el precio?
7. Lo he comprado por 25 Euros.
8. Mañana salimos para Madrid.
9. ¿Por qué no me has preguntado?
10. ¿Para qué sirve esto?
11. Quiero una entrada para el museo.
12. Me ha mandado la foto por WhatsApp.
13. He comprado algunas flores para tí.
14. No es un problema para mí.
15. Por mí no hay ningún problema.
16. He llevado los zapatos para bailar.

82 - Befehlsformen:
(etwa Kap 24)

La monitora en el gimnasio explica las normas y los ejercicios:
die Trainerin duzt ihre Klienten!

Bsp: hacerse grande
→hazte grande

1. ponte de puntillas.
2. respira normal
3. corre
4. estira las piernas
5. llévate toalla
6. lleva ropa cómoda
7. bebe suficiente agua
8. entrena con frecuencia
9. dobla las rodillas (Knie)
10. gira el brazo
11. levanta el pecho
12. mantén equilibrio (Gleichgewicht)
13. ház ejercicios para el abdomen
14. levántate

83 - Befehlsformen:
(etwa Kap. 24)

Consejos para una vida sana:
gesiezt!

Bsp: comer sano
→ coma sano

1. apúntese a un gimnasio
2. haga ejercicio
3. practíque deporte
4. beba suficiente agua
5. mantenga dieta
6. protéjase del frío
7. lleve ropa cómoda
8. acuéstese temprano
9. relájese
10. coma más fruta
11. beba poco alcohol
12. camine mucho
13. cuídese

84 - Vokabelübung:

Geben Sie die Verben zu den folgenden Substantiven an:

Bsp: el trabajo →   trabajar

1. el producto → producir
2. el desayuno → desayunar
3. el viaje → viajar
4. la solitcitud → solicitar
5. la llegada → llegar
6. la entrada → entrar
7. la ducha → duchar
8. la fotocopia → fotocopiar
9. la cena → cenar
10. el aparcamiento → aparcar
11. la vuelta → volver
12. la salida → salir

13. la organización → organizar

14. la vida → vivir

15. el regalo → regalar

16. el encargo → encargar

17. la llamada → llamar

18. la subida → subir

19. el plano → planear

20. la lluvia → llover

21. la nieve → nevar

22. la presentación → presentar

23. la comida → comer

24. el recibo → recibir

25. la explicación → explicar

26. la pregunta → preguntar

27. la respuesta → responder

85 – Vokabelübung I

Wie heisst das Gegenteil?

1. blanco — negro
2. largo — corto
3. estrecho — ancho
4. cerrado — abierto
5. mucho — poco
6. bonito — feo
7. el frío — el calor
8. frío — caliente
9. rico — pobre
10. empezar — terminar
11. redondo — cuadrado
12. rápido — lento / despacio
13. gordo — flaco
14. parecido — diferente
15. reír — llorar
16. separado — unido / junto
17. serio — alegro / divertido
18. caro — barato
19. sucio — limpio
20. tarde — temprano
21. la tarde — la mañana
22. grande — pequeño

86.-. Vokabelübung II

Wie heisst das Gegenteil?

1. bueno — malo
2. correcto — equivocado
3. aquí — allí
4. la muerte — la vida
5. el día — la noche
6. vender — comprar
7. alto — bajo
8. enfermo — sano
9. más — menos
10. claro — oscuro
11. grande — pequeño
12. pesado — ligero
13. nuevo — antiguo / viejo
14. blando — duro
15. tímido — atrevido
16. tranquilo — intranquilo / ruidoso
17. mojado — seco
18. importante — desimportante
19. nunca — siempre
20. cerca — lejos
21. derecha — izquierda
22. difícil — fácil

87 – Präpositionen a, de, en...

Welche Präposition erfordert:

1. subir a
2. pensar en
3. bajar de
4. ir a
5. estar en
6. sentar a la mesa
7. sentar en la silla
8. junto a
9. volver a
10. llegar a
11. partir de
12. pasar por
13. entrar en
14. salir de
15. creer en
16. delante de
17. encima de
18. empezar a

Endstation La Palma

Mein Leben unter Palmen

Aussteiger-Biografie

124 Seiten

ISBN: 9-783837-066104

Endstation La Palma. Alles aussteigen?

Khyrwalda Mondvogel hat es bereits vor über zwanzig Jahren getan, doch ihr Lebenspartner entpuppte sich auf La Palma als Tyrann, der schließlich sogar eine ihrer beiden Töchter entführte. Alles schien zu Ende, aber letztendlich hat Sie sich doch gegen alle Widerstände durchgesetzt. Mit schonungsloser Offenheit und bissigem Humor schildert sie ihr Leben auf einer der schönsten Inseln der Welt.

Verfolgen Sie Khyrwaldas spannende Geschichte durch mehr als zwei Jahrzehnte unter Palmen.

Tatort La Palma – die vergnügliche Krimiserie.

Lassen Sie sich an die schönsten und reizvollsten Plätze La Palmas entführen und geniessen Sie Spannung pur!

Internet:

http://tatort-la-palma.jimdo.com/video-trailer/

Bei Amazon und Ihrem Buchhandel erhältlich

Mami Biermann ermittelt

Zweisprachige Ausgabe – Edición bilingüe
Geschichten mit bilingualen (zweisprachigen) Übersetzungen bieten Lesern mit verschiedenen Fremdsprachenkenntnissen pures Vergnügen beim lernen.
Im Krimi „El Tesoro de la Virgen" sind die Texte zweisprachig, auf gegenüberliegenden Seiten, für ein mittleres Spanischniveau aufgeführt.

El Tesoro de la Virgen

ISBN: 9-783732-252725